小さな発表会をひらこう

展示・ものづくり　はじめの一歩

とさか色のりんご
りんご色のとさか

はじめに

自分の個展を開いてみませんか？

それは決して特別なことではないと、この本に出てくる作家のみなさんが、教えてくれました。

カフェを会場にしたり、仲間と一緒に力をあわせたり、

雑貨ショップの一角を使わせてもらったり。

ちっとも仰々しくない、かわいい個展。

それならきっと開けるような気がします。

この本の中心になっているのは、10組の物語。

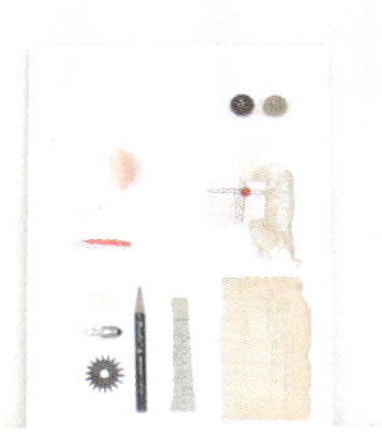

ある日の発表会の様子と、ふだんのものづくりについて、２つのお話しをまとめました。

いつもはカフェで働いている人、母として子どもと向き合う毎日を送っている人、フリーランスの仕事を持っている人——。

それぞれが自分のペースでものづくりを続けながら、自分らしい場所と方法を探して、作品をお披露目しているのです。

だからこれは、小さな発表会。

ちいさな、ちいさな一歩だけれど、踏み出したその先には、大きな出会いが待っています。

カフェで

カフェで開くポイント

カフェギャラリーは初心者向き

自分の作品を気に入ってくれる人は、どんなところにいるのでしょう? 個展会場を選ぶときには、作品にあった客層の場所を探すことが大切です。

最近では、店内の一部をギャラリーとして貸し出すカフェが増えてきました。カフェにはそれぞれスタイルがあり、訪れるお客さんの層もほぼ決まっています。自分の作品のカラーに近いかどうかの感覚がつかみやすく、会場使用料も通常のギャラリーに比べると手が届くライン。たとえば、東京都内で3日間1万円、6日間3万円など、初めての個展でも開催しやすい金額です。

また、自分の力だけでは集客の自信が持てない初心者にとって、カフェのように人が集まる場所に作品を飾れるのは、大きなメリット。いろいろな人の目に作品が触れる良いチャンスになります。

お気に入りを見つけよう

一方で、DMを見た人などが個展を目的に訪れた場合でも、カフェのメニューをオーダーすることが一般的なマナーです。どうせなら、「スコーンがおいしい」とか、「インテリアがステキ」など、カフェ自体にもおすすめポイントがあったほうが、作品をめがけてきてくださる方に、もうひとつの楽しみと感じてもらえるかもしれません。

カフェ個展で目指したいのは、作品を観ながらお茶をしたり、おしゃべりをしたり、そこですごす時間を丸ごと楽しんでもらえるような空間が成立すること。自分自身も、期間中はなるべくカフェにいるようにして、お客さんとの会話を図ったり、

カフェ選び

他の作家の展示にも足を運んで、自分の作品にあうところを見つける。

持ち込み

事前に基本条件に目を通し、作品ファイルをまとめておく。

打ち合わせ

展示量の目安をつけ、ディスプレイの方法を確認。カフェによってはメールの場合も。営業に差し支えないように考慮。

point!


反応を見ることが、今後の創作活動の充実につながっていくはずです。

　逆に言えば、そんな風にすごせるカフェを見つけることが、カフェ個展を成功に導く第一歩なのです。

申し込みにあたって

　カフェでの個展の開き方も、一般的な個展と基本は一緒です。

　まずは会場選びですが、好きな雰囲気のカフェにめぼしをつけたら、開催中の個展をまわってみます。どんな作家がいて、どんなふうに展示をしているのかを知ることで、自分が個展をするときのイメージもつかめるようになります。

　カフェによっては、イラストや写真などの平面作品しか展示できない場合もあります。カフェのオーナーやスタッフの雰囲気を知って、相性をチェックすることも大切です。

　予算面では、会場使用料金のほかに、作品が売れるとマージンを支払うのが一般的。個展の準備や開催中の在廊のために、仕事やアルバイトを休む可能性もあるので、収入が減る分の予算も頭に入れておきます。

　カフェの候補が決まったら作品を持ち込みますが、その手順はカフェにより違いがあります。WEBサイトに案内が出ていることもあるのでチェックしたり、直接問い合わせてみましょう。

　カフェから利用のOKが出た後には、展示方法を考えたり、DMの作成や配布、作品の搬入や実際の展示など、個展準備には作品づくり以外にもたくさんの作業があります。作品の準備の具合や、カフェの展示の予約状況にもよりますが、約半年～一年前に会場予約をするケースが多いようです。

告知する

DMをつくったら、いろんなショップにも置かせてもらうように。

準備する

芳名帳は必須。閲覧用の作品ファイル、名刺がわりに配布できるカードがあればベスト。作品を販売する場合には、買いやすい価格のものをラインナップに加える。

当日

なるべく在廊！

Profile

1966年生まれ、東京在住。セツ・モードセミナー卒。1998年より中野のカフェ『カルマ』のスタッフとして厨房に立つ。2007年からは系列店の『イネル』で働くほか、『ココリ』という名前でオリジナルの焼き菓子を作ったり、自宅教室を開催。そのかたわらに、画家としての活動を展開している。

個展はわたしの“締め切り日”

やまぐちめぐみ　[絵描き・料理人・焼き菓子『ココリ』主宰]

『山口めぐみ 冬の個展 da da』

2007年12月17日（月）～30日（日）
東京・阿佐ヶ谷「イネル」にて

［ライブ］12月23日（日）sen 2,000円、29日（土）masami&turbo-eye 1,500円／どちらも温かいスープと軽めのおいしいおもてなしつき・予約制

緑の絵は“サッカー場の写真”を参考に描き始めたのが、『小鳥散歩』というまったく違う絵に仕上がった。

なるべくたくさんの絵が飾れるようにレイアウト。1ヶ月半の準備期間で12点の新作を描き上げた。

DMなどが並ぶキッチンカウンターの下。ここに芳名帳を置いている。

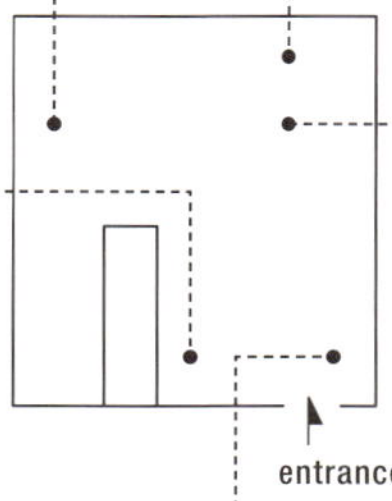

イネルでは、壁面が広く使えるように、低くて小さなテーブルや椅子を選んでいる。

イネルに入ってすぐ右側の棚には、ココリの焼き菓子も並ぶ。

DATA

準備期間／約1ヶ月半　会場予約／約2ヶ月前　DM／デジカメ＆パソコン＆プリンターを使って何種類かを自作　在廊日／ほとんど毎日　搬入について／搬入は前日の夜にすませ、展示は当日のオープン前に。展示量が多くてひとりでは考えきれず、店長に手伝ってもらう。　作品価格帯／20,000～60,000円ぐらい。

作品の魅力が増すようにタイトルをつける ▶ 切ない雰囲気がただよう女の子の絵のタイトルは『おやすみなさい』。なお、今回の個展のタイトル『da da』は、“だだをこねる”からとった言葉で、口にしたときの響きが決め手になった。

絵以外の作品や情報も展示する ▶ 以前に参加した企画展のパンフレットや、布の作品、手作り豆本など、お客さんが絵を観るのとはまた違った気持ちで楽しめるコーナーを。ポストカードは、以前は作品が1点モノではなくなるような感覚に抵抗があったけれど、いざ刷ってみるとおもしろく感じられたし、お客さんも喜んでくれるので、なるべく用意している。

個展の日取りを決めてから

描き出すまでに時間がかかる――やまぐちさんも、そんなタイプのひとり。だから無理にでも個展のスケジュールを決めて、描かなくちゃいけない状況に自分を追い込みます。

次にするのは構想のようなこと。まず、個展のタイトルを考えてから、それにあう絵のイメージを探していきます。たとえば書店で本や雑誌を見ながら「あ、今描きたいのはこんな感じかな」という具合。

絵を描き終えたら、個展会場に飾りつけた後で、ひとつひとつの絵にタイトルをつけるのが、最後の仕事です。まるで自分の想いを封じ込めるおまじないのように、浮かんだ言葉を紙に書き、作品の下にぺたりと貼っていきました。小さなカフェの中は、もうすっかりやまぐちさんの作品の色で満たされています。

やまぐちめぐみの ものづくりstory

自分の絵がコンプレックス

　中央線のとある駅からのんびり歩くこと10分。小さな児童公園の前に建つ古いマンションの一室が、やまぐちめぐみさんの自宅であり、仕事場兼アトリエです。エレベーターがないので、階段で4階までトントンとのぼります。部屋は突きあたりのすみっこ。玄関に足を踏み入れた瞬間、甘い焼き菓子の香りが出迎えてくれました。

「たまに絵描きのふりをするの」と照れくさそうに話すやまぐちさんは、個展の前しか絵を描きません。ふだんの仕事は、カフェのスタッフ。中野の『カルマ』で10年間働き、現在は阿佐ヶ谷の『イネル』でお客さんに料理を出しています。

　いっぽうで、焼き菓子『ココリ』の看板を立ち上げ、カルマやイネルにクッキーやスコーンを卸したり、自宅でケーキ教室を開くような活動もしています。だから室内にはいつも、こんがりバターやふんわりココア、やさしい黒砂糖の香りが、ただよっているのでした。

　やまぐちさんが描く絵は、そんなお菓子を連想させるような、やわらかな色づかい。とびきりの愛らしさを振りまきながらも、甘ったるさはなくて、胸がきゅんとするような切ない雰囲気を感じさせます。少女の絵、小さな動物の絵、広い野原の絵、暗い海の絵――。どれもが独特の〝ま〟を持ち、魅力にあふれているから、オトメゴコロをぐっとわしづかみにされてしまうのです。

　ところが、やまぐちさんは自分の絵を「へたくそ」と、コンプレックスに感じていると言います。子どもの頃から苦手意識があって「まさか自分が絵を描くようになるとは夢にも思ってなくて」とつぶやきます。

「絵を描くときはだいたい写真を見ながら下絵を起こすんです。色を塗り始めるとどんどん変わっていくので、参考にした写真とはまったく違う絵になるんだけれど、なにもないところからは描けないの」

30代で新しい環境に飛び込む

　そもそも絵を描き始めたのは30代の半ばからと、遅いスタートでした。

　生まれも育ちも関西だったのが、約10年間の結婚生活が終わる31歳のころに、「ひとりになるなら、まったく知らない、違う土地がいい」と、思いきって東京へ移り住みます。

　数ヶ月後、知人の紹介でカルマを訪れることになり、人見知りをフォローするつもりで簡単なマフィンを手土産に焼いたところ、店長に「ちょうどお菓子を焼く人がいないから、

上／自宅のキッチンでココリの焼き菓子をつくっている。おからのバナナケーキ、雑穀スコーン、ハチミツきなころぼうろなど、素材選びに特徴あり。小麦粉は国産、甘みはてんさい糖や蜂蜜やキビ糖など、カラダにやさしいを心がけて。
下／絵を描くときは、筆に直接アクリル絵の具を付けて、そのままパネルや画用紙に塗りつける。パレットは使わないし、水も筆をしめらせる程度に準備。小さな絵は膝の上で、大きな絵は床に広げて描き上げる。

「やりながら、無理なことを可能にしていくのが好き」

やらない?」と誘われて、スタッフになりました。

　カルマは料理家の枝元なほみさんや高山なおみさんが働いていたことでも知られるお店。80年代のオープン当時から無国籍な料理を出し、10年ほど前から壁の一部をギャラリーとして貸し出しています。常連客には画家やイラストレーターなど個性豊かな顔ぶれが集い、やまぐちさんも自然に影響を受けていきました。

　働き始めて3年が過ぎたころ、やまぐちさんいわく〝のせ上手〟な店長にすすめられて、コラージュ作品を飾った初の個展をカルマで開催。

「そのころはまだ、絵は描けないと思っていたからコラージュをやったんです。そうしたら、知り合いの画家さんたちがきてくださるのがうれしくて。個展をすると人に会える機会につながるんだって思いました」

あきらめない気持ち

　その後、セツ・モードセミナーのデッサンモデルをしたのがきっかけで、自分自身も「絵が描いてみたい」と思い立ち、２０００年、同校に入学。自分の絵が確実に形になっていくことに自信をつけますが、満足いく評価にはつながりません。

「セツでは毎年一回のコンペがあって、それに入選して銀座で展示ができると、みとめられたという目安になるんです。私もどうしても受かりたかったのに、私の絵はセツの中でも異質だったので、準入選までしかもらえなくて」

　そんなとき、カルマに出入りしていた憧れの作家の存在が、「自分らしい絵を描くこと」の大切さを教えてくれたと言います。

「セツっぽい作風ではなくても、自分の絵をそのまま描き続けていたら、先生方も受け入れてくださったのか、入選するようになりました」

　翌年には入選だけでなく、賞も獲得。月光荘賞を受賞した年には、副賞として銀座の画材店のギャラリーで個展をひらくチャンスを手にしました。

　その後は、個展を観た方から美術館での企画展に誘われたり、書籍の装画の仕事を頂戴したり。やまぐちさんの活動の場は、身近なカフェやセツの中から、もう一歩、外の世界に広がりを見せ始めました。

　それでも今なお、「個展が終わるたびに、やっぱりダメだなと思う。やるほどの実力がないとか、そういう感じに落ち込んじゃって。だからブランクがあるの。半年以上描かないこともあります」と弱気な面を見せるやまぐちさん。絵だけでなく、何にでもコンプレックスを持っていて、「だから、何でもやりたいの」と言葉を続けます。

「お菓子づくりもそう。カルマで初めて店長にあって、『お菓子を焼いて』と言われたときは、無理……と一瞬思ったけれど、やりたいから『やります』って答えたの。今は無理でも、自分がそれを好きだと思うならやってみる。そのために準備をしたり練習をするよりも、やりながらどうにかしていくんです」

　無理かなと思うことほど、実現できたときの喜びは大きいから。

　コンプレックスは、やまぐちさんが好きなことに挑戦するときの、原動力になっているのでした。

やまぐちめぐみのあしあと

1998　上京　カルマで働き始める

1999　カルマで初個展

［店長にのせられて、コラージュの作品を展示。］

2000　秋、セツ・モードセミナーに入学

新宿の飲食店、ベルクで個展

2001　セツ・アート展に初参加

［２度目のコンペで入選となる。以後、計４回参加する。］

2002　中野の系列カフェ、ウナカメラリーベラにて個展『road story』

［自分の絵が形になってきたころ。］

2003　当時渋谷にあったコンシールギャラリーにてグループ展

［セツのつながりで参加。このときに観てくれた編集者の方からアドバイスをいただき、出版社に作品ファイルを送ったことが、数年後の装画の仕事につながる。］

2005　セツ・アート展に参加　月光荘賞受賞

セツ・アート展 月光荘賞受賞個展『all I want』

［安曇野市の美術館の学芸員の方が銀座をまわっていて、作品を目に留めてもらい、２年後、豊科近代美術館での特別展参加につながる。］

2005　カルマにて個展『I Know a Story』

2006　カルマにて個展『あるひ』

Crossroad　Studioにて個展『わたしとあひると』

安曇野市豊科近代美術館　夏の特別展に参加

『美術館ワンダーランド　夏の思いで　今を生きる』

カルマにて個展『時の小鳥がくれたお話し』

2007　書籍『蜜蜂の家』（理論社）で初の装画を手がける

Profile

越間彩華／1980年生まれ、鹿児島在住。草木染めで大島紬を創作する染織家の両親のもとに育つ。文化女子短大服飾学科卒後、創作活動を続ける中で、現在の裂き編みのスタイルを確立。2006年よりYAKAの名前で個展や企画展、東京・名古屋・京都などのショップやギャラリーにて作品を発表している。

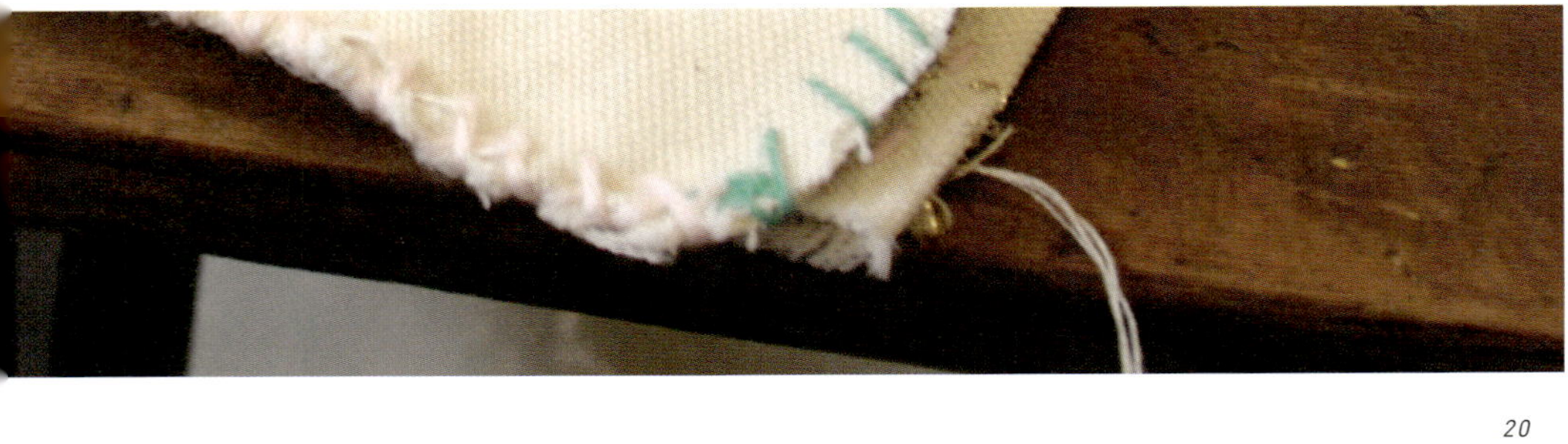

観てくれる人がいると頑張れる

YAKA ［布作家］

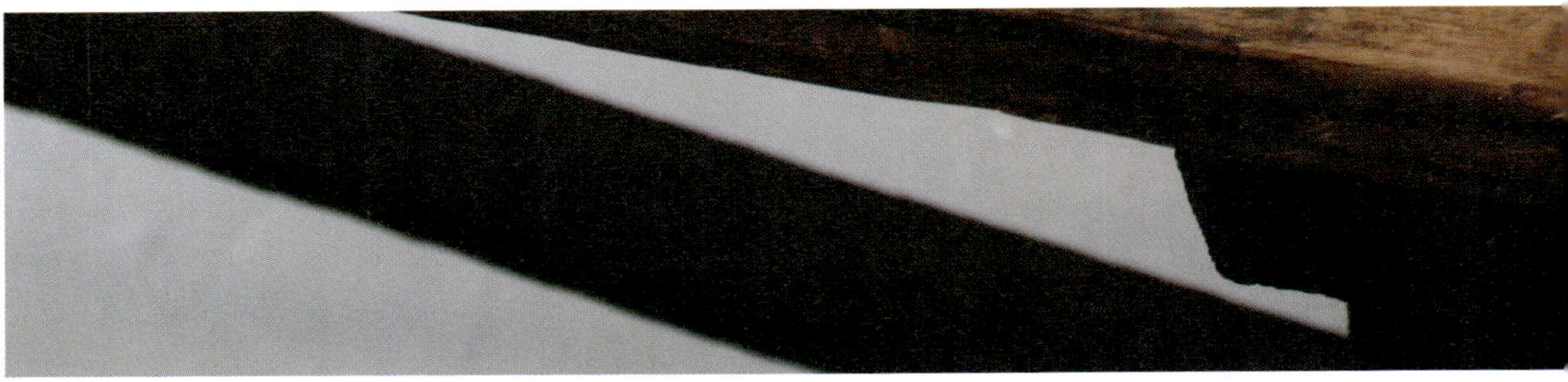

『YAKA exhibition』

2008年5月20日（金）〜 29日（日）
名古屋・千種「cafe + gallery co9.」にて

壁際の展示。棚に並べたボンボンリボンは人気のアイテム。

芳名帳のノートカバーにもオリジナリティが。

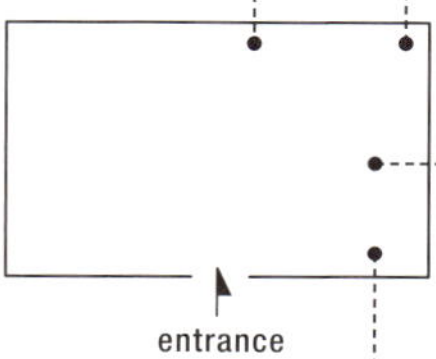

光の入る窓辺の展示。これまでの作品のカタログもここに並べて。

カフェに入って右側の約1/3が展示専用スペース。ディスプレイ用の木の枝は越間さんが持ち込んだもの。

DATA

準備期間／約２ヶ月　会場予約／約半年前　DM／お店側で担当。約２ヶ月前から準備。会場予算／企画展なので、売り上げから規定の料金を支払う。搬入・搬出／搬入は事前に宅配で。展示は前日の夜に１時間ぐらいかけて、カフェのオーナーたちに手伝ってもらいながら仕上げた。搬出はカフェに任せて宅配してもらう。作品価格帯／バッグは２万円台前半〜後半。他、コラージュゴムが1,890円、ボンボンリボン2,625円など。小物類は購入後すぐに持ち帰れるが、バッグについては個展終了後の引き渡し。

※なお、cafe＋gallery co9.のギャラリー貸出条件については巻末データを参照下さい。

作品はすべて一点もの ▶ 裂き布には、無地のコットン100%を使っている。持ち手をどうするかなど、あれこれやっていると楽しくて、ついつくり込んでしまう。

鏡にもワンポイント ▶
試着の様子を映し出す鏡にも手仕事をほどこして。

ひとつの作品として楽しめる手づくりの作品集 ▶ やぶり紙、糸、リボンなどでコラージュ。

あたたかな空間で

色とりどりの裂き布や、毛糸を重ね、刺繍やビーズを加えながらつくりあげていくYAKAのバッグはすべて一点もの。個展用に作品をつくり終えたら写真におさめて、カタログにまとめます。手仕事で、感覚的に仕上げたそのカタログもまた、ひとつの作品のようで、個展会場に並べられては観る人の関心を誘います。

YAKAのバッグは身につけるだけでなく、インテリアとして部屋に置きたくなる存在。古い喫茶店を改装したというカフェの空間は、YAKAの作品が持つぬくもりを引き出しています。「いつものテーブルをひとつ減らして、展示のスペースを広くとりました」とカフェのオーナー。DMの作成を引き受け、ディスプレイも一緒に……など、カフェと作家が二人三脚で進めた個展です。

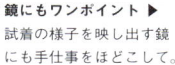

YAKAの ものづくりstory

日常の中にものづくりがある

「編むことは日記代わりなんです。今日は何があったからこう編むというふうに意識しているわけではなく、その時々で自然に出てきたものを編んでいるような感じ」

越間さんはそれを「色日記」と表現します。

染織家の両親のもとで育ち、ものづくりは日常のなかに当たり前に存在していました。「よし、つくるぞ」という感覚はなく、小さなころからずっと自然に、手を動かしていたのだと言います。

織りや染めをはじめとして、編み物、刺繍、いろいろなものをつくっていた越間さん。将来は洋服のデザイナーになりたくて、短大は服飾学科に進みました。

「鹿児島から東京に出て、文化女子短大に入りました。でも、2年間ではあまり学べなくて、卒業したら専門学校に入るつもりでした。まずはその前に、車の免許を取ろうかなと、いちど鹿児島に帰ったんですが、そのまんま、今にいたっているんです」

計画的に行動するのは苦手で、ものごとの流れにまかせるという、越間さんらしいエピソード。その後はアルバイトをしたり、実家の工房で働きながら、裂き編みに出会い、ものづくりを深めていきました。

重なりあう様子にひかれて

「お洋服をつくっていると、布があまりますよね。それがすごくもったいないと思っていたんです。まあたらしい布よりも、ハギレにひかれてしまう気持ちがありました。裂き織りをヒントに、織りではなく編んでみようと思ったのがきっかけです」

編み図がよめない越間さんは、ほとんど自己流で裂き編みをはじめ、今のスタイルにたどり着きました。

「織りを身近にみていたせいか、素材が重なりあっていくのが好きなんです。編みながらいろんな色を重ねたり、刺繍を加えたりしながら、できあがっていく感じにひかれます」

とくにデザイン画などを描くこともなく、いきなり編み出して、感じるままに仕上げていくから、作品はすべて一点もの。

「下絵を描いていたころもありましたが、今ほどつくれていなかった気がします。描くことで満足して、そこで終わったり……。気分で編むのがいいみたい。たとえば、自分用のバッグをつくろうとすると、考えすぎるのか、上手くいかないんですよね。いいところばかり詰め込もうとしちゃうから、ダメなのかもしれません」

1.「20畳はあると思う」というYAKAさんのアトリエ。窓際の柱の部分には、麻ひもで編んだ作品を飾って、森をイメージしたコーナーをつくった。　**2.**ストックしている糸や布たち。微妙に色合いが違うからついつい欲しくなって、どんどん量が増えてしまう。つねにいろんな色が身近にあふれているような状態が好き。　**3.**アトリエの机にしているのは、4人がけのダイニングテーブル。知り合いのカフェからゆずってもらったもの。　**4.**よく使う道具類。入れものは、家にあった食材の木箱を白くペイントして使っている。「道具や材料を入れるものにはこだわりがなくて、身近にあるものに自分で手を加えています」

「ピンクとみどりが好き。植物の色だから」

さまざまな展示の中で

アートマーケットや企画展に応募するようになったのも、越間さんにはごく自然の成り行きでした。

「両親がそうやって、個展をしながら生活してきたので、特別なことをしている意識がないんです」

そのうちに、さまざまな場所から展示のお誘いがかかるように。

「百貨店ではふだんとは客層が違うので、いろいろな方に観ていただけるきっかけになります。雑貨ショップが主催する企画展に参加するときもそうで、他の作家さんについているお客さんに観ていただけたり、幅が広がるのを感じます」

展示をするたびに勉強になるけれど、初めて自分で担当した個展の経験は、強く印象に残りました。

「それまでは、作品を送って主催者にお任せするケースが多かったんで

5. アトリエの壁際に、過去の作品や遊びでつくったもの、いただいた人形、つくりかけの作品などが、たくさん吊してある。「いろいろなものがあるほうがいいんです。そこから発想が生まれるから」。アトリエが賑やかな分、自分の部屋にはものはほとんど飾らずに、すっきりとした状態で暮らしている。　**6.** 裂いた布を入れている箱は、ダンボールに布を貼って毛糸でまつったもの。
7. YAKAさんが手にしているのは、ニットアクセサリーという作品のひとつ。

すけれど、ＤＭづくりやディスプレイなど、自分でやってみないとわからないことがあると実感しました」

　そして今回、初めてカフェで開いた個展を「すごくリラックスしてできました」と越間さん。オーナーたちの人柄に支えられながら、２日間の滞在でゆるやかな時間をすごしました。お客さんの反応を目の当たりできたのも大きな収穫。

　個展開催中、作品を購入したお客さんが帰られるとき、越間さんのお礼の声が届かないシーンがありました。越間さんはお店をあとにするお客さんを道路まで追いかけ、「ありがとうございます」の気持ちをしっかり伝えていました。

　つくるのが楽しくて、できあがるとうれしくて。それを誰かが観てくれることに感謝して——。「先のことはわからないんです」という越間さんですが、ひとつひとつの喜びを重ねながら、確実に自分の未来を織っていくことでしょう。

越間彩華のあしあと

2000　創作活動を始める

2005　鹿児島テレビ『ART MARKET 7』に参加

代官山のBRIQUEにて
個展『BOUQUET of winter』を開催

> **BRIQUEのホームページに出ていた募集を見て応募して採用になる。雑貨ショップ内の一角にて開催。これをきっかけに、その後BRIQUE主催の企画展などに続けて参加するようになる。**

2007　鹿児島のwhite galleryにて
『次世代ユニークファッション展』に参加

> **テキスタイルの分野で活動している若いアーティストの１人として参加の声がかかる。作品としてあつかってもらえたことが印象に残り、自分の中での転機となる。**

京都のtaste SHINYAにて
企画展『DRESS IS IMAGINED』に参加

吉祥寺のにじ画廊にて
企画展『BRIQUE summer exhibition』に参加

白金のroom021にて個展『YAKA exhinition』を開催

> **個展の準備のすべてを初めて自分で担当。**

2008　新宿高島屋にて
個展『YAKA exhibition 春の森』を開催

京都のMariluにて
企画展『BRIQUE spring collection』に参加

名古屋のLACHICにて
企画展『cabinet s/s collection 2008』に参加

神保町のAMULETにてBRIQUEの企画展
『いったりきたり展』に参加

広島のパルコにて
催事『BRIQUE 限定 SHOP』に参加

松屋銀座にて
催事『2008 サマーギフトステーション』に参加

FINDスタッフの神谷さん。フェアトレードのオーガニック豆を使用した深入りアイスコーヒー（300円）、有機栽培大豆の豆乳を使ったアイスソイコーヒー（350円）などを出品。

２つのブースを借りて、３人で共同出展していたgarotaさん（トートバッグなど布小物ほか）、ORさん（かぎ針編み）、Red Cloud & Coさん（革小物）。「屋外なのが気持ちいいです」と５回目の出展。

手創り市

第10回　2007年8月25日（土）
雑司ヶ谷・鬼子母神にて

青空個展はデビューの場にぴったり

　路面電車の荒川線が通る街、雑司ヶ谷。けやき並木を抜けてたどり着く鬼子母神は、安産と子育ての神様として地元に親しまれるお堂です。樹齢700年といわれる神木に守られた境内には木々の緑があふれ、残暑厳しい８月の日差しをやわらげていました。

　この土地で、毎月１度の手創り市を主宰するのは、中板橋でロジカフェを営む名倉さん。入り口ののぼりに書かれている「手から手へ 青空個展会場にしてください」の言葉にも表れるように、作家活動を応援する気持ちで運営しています。出展料は１ブース3,000円と、参加しやすいシステムに。
「売るだけ、買うだけじゃ、つまらないから、コミュニケーションが行き交うような雰囲気を保っていきたいです」

出展してみたい人はこちらへ。
http://www.tezukuriichi.com/

古着で人形をつくるrei☆komurasakiさんは、ふだんは雑貨ショップへの委託販売も行っている。「手創り市は、お客さんの反応が見られるのがおもしろいです」。今回は、約60点の作品を準備。

「対面で、説明しながら売れるのが安心」というAYUMIさんは、2回目の出展。手創り市以外では、知り合いなどへの口コミ販売がメイン。古い着物を材料にして、裂き編み作品などをつくっている。

第1回から出展を続ける陶芸家の五月女さんは、雑司ヶ谷在住。ふだんはギャラリーや古道具店での個展や企画展にも参加する。「手創り市は居心地がいいから、楽しく出展できると思いますよ」。

かわいい生地のあずま袋はspring scentさんの作品。「手創り市には、手作り雑貨の好きな方がくるから会話が楽しいですね。フリマのように、びっくりするほど値切られることもありません」。

※取材内容は2007年当時。2008年8月末現在、手創り市は第22回を運営している。

ギャラリートピック ①

パーティーつき個展

百音（もね）

小さな写真展にぴったりのカフェギャラリー。展示料はかからず、3万円以上の貸し切りパーティーを開く仕組み。親しい友だちや、お世話になった方を招いてのレセプションが、個展の経験をより充実したものに。／東京・高円寺
http://www.cafemone.com

1 **2** 3 4 5

仲間と一緒に

仲間と開くポイント

〝市〟のようなスタイルで

ここで提案したいのは、〝手づくり市〟のようなスタイルで開く、仲間同士のイベントです。

何人かの作品を一度に観られるイベントは、お気に入りの作家を探すきっかけになったり、いろいろな作品の購入ができる機会として、人気を集めています。

同時に、このようなイベントが増えているため、お客さんの目が肥えているのも確か。企画力を発揮して、あきさせない工夫が必要です。

また、仲間と一緒に開催するとなると、スケジュールの調整や、作品の在庫の管理に手間がかかります。結果として1～2日間の短い日程を組むようになることからも、お客さんがその日をめがけてわざわざ足を運びたくなるような、魅力あるテーマを打ち出したいものです。

企画の大事

クリスマスの頃に〝贈りもの市〟を開いたり、夏休み前に〝旅市〟を開くのは、定番テーマながら季節のニーズに合わせられる良さがあります。その場合、バッグなどの布作品、器などの陶芸品、木工品、ニットなど、さまざまなジャンルの作家を集めて出品にバリエーションをつけると、観る側の充実感は高くなります。その他、〝バッグ市〟など特定のアイテムを取り上げたり、〝キッチン小物市〟などシーンによるテーマの付け方もあります。

いずれにせよ、何をテーマにするかは、メンバーの作品ジャンルによっても左右されます。すでに仲間が決まっているのか、テーマを決めてから仲間を募るのかによっても、企画の立て方は変わっていくでしょう。

また、たとえ仲が良い相手でも、

会場を決める

出品内容と予算に応じて探す。使用料だけで売り上げによるマージンがない会場のほうが、予算が立てやすい。

企画と予算を立てる

テーマはどうする？　全員が在廊か、委託もありかなど。予算はどのように負担するか、精算のシステムを明確に。

仲間を募る

発表会の構成を考えながら、作品のバリエーションがつくように仲間を集める。

point!

作品のカラーが違う仲間と組んだのでは、一緒にやるメリットが少なくなってしまいます。お客さんにしてみれば、自分好みの作品だけが並ぶわけではないので、満足度がぐっと下がるのです。評価が低ければ、イベントの継続や今後の発展につながりません。出品する作品のカラーを揃え、そこに集まる客層を予測したうえで、企画を練ることが大切です。

地域密着型でいこう

イベントには、広めの会場が必要です。都心の立地にこだわることはなく、地元に根づいた地域密着型でも人は集まる傾向にあります。交通の便よりは、イベント会場としての使いやすさや、周囲の環境などで選んだほうが運営はスムーズです。

初めてのイベントだと、「お客さんが集まるかどうか」ばかりに気持ちが走りがちですが、実は、混雑してしまったときの対応に、イベントの苦労は隠されています。とくにオープン時はいっきに人が集まりがちですから、さまざまな人の流れを想定して会場を選びましょう。

イベント開催には細かな準備がたくさんあるうえ、メンバーによってどの程度の時間が費やせるか、事情もさまざま。平等は難しいので、メンバーの中に代表者を置いたり、初めから主催者と参加者の関係で協力しあうなど、指揮者を明確にした仕事の分担が上手くいくようです。

仲間と一緒だと決め事や調整が多いところはありますが、自分ひとりでは思いつかない案が出たり、より大きなことが実現したり、出会いが広がったり——。みんなで力を合わせて手にするやりがいは、きっと大きなものになるはずです。

分担する

全体の進行管理のほか、会計、展示プラン、DMづくりなど、たくさんの作業がある。

告知する

ブログなどで準備段階から様子を知らせることも、広報効果に。

当日

人出が多くなった場合の対応も考えておく。

About

千葉にある4つのショップの女性オーナー＋プランナーのサカモトトモコが結成するユニット。ショップは、花屋のlittle junk yardと同じく花屋のAMAPOLA、パンのjour de pain、ワインバーのgaribaldiが参加メンバー。フリーペーパーの発行をメインに、地元の活性化を目指して作家を集めたイベントを開催。2005年から2008年3月まで約3年にわたり活動を続けた。

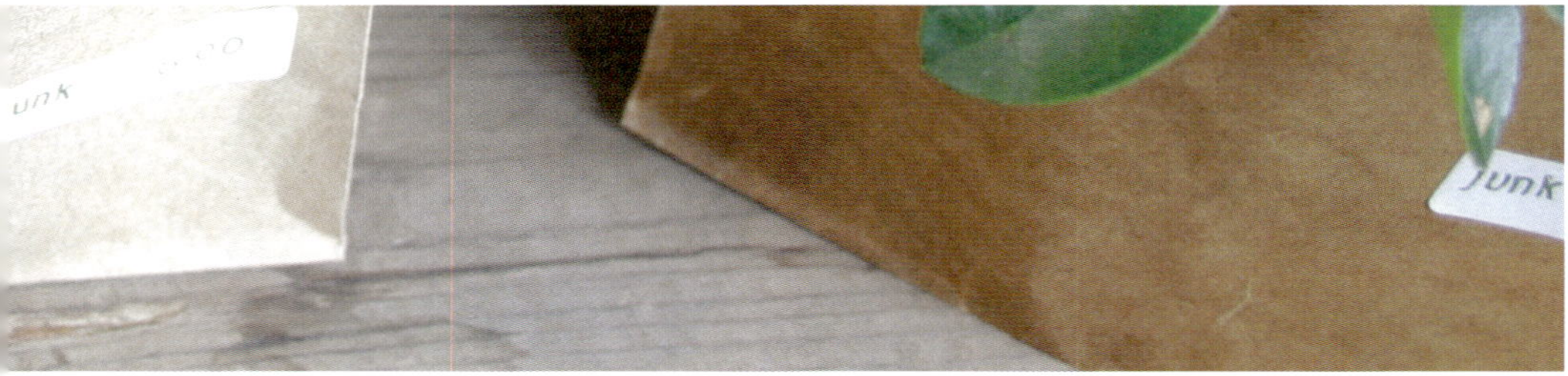

地元を盛り上げるきっかけをつくる

homegirl　［イベントユニット］

『homegirl MARCHÉ』

2007年11月3日（土）～ 11月14日（日）
千葉・「ギャラリー林檎の木」にて

[参加メンバー] 壱丁目工房（陶器）、fa（フェルト小物）、AMAPOLA（リース）、硝子屋PRATO PINO（ガラス）、flavor（編み物＆布小物）、little junk yard（リース、鉢）、kupu（編み物＆布小物）、my favorite（カレンダー）、gunung（布小物）、sweets nabi（焼き菓子）、ひびこ（織物）、jour de pain（パン）、51：farm（お茶）

サカモトさんが展開するflavorのニットやひびこのバッグなど。

林檎の木のオーナーで壱丁目工房を主宰する河合美穂の作品。

左はkupuのニット、little junk yardのリース。右はPRATO PINOのガラス作品。

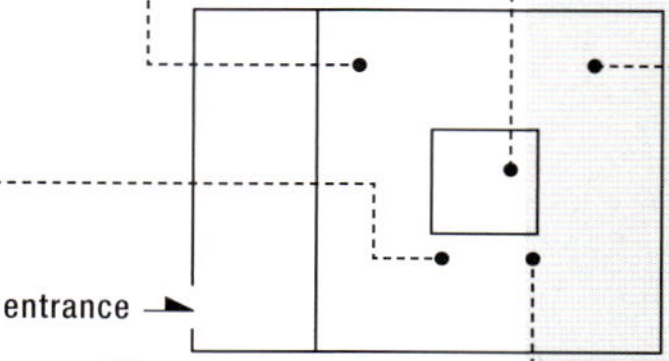

gunungが作る布小物は生活雑貨が中心。

faのフェルトバッグ、ひびこの織物・カシミア100%マフラーと、little junk yardのアレンジ。

テーマの“クリスマス”をイメージしたコーナーディスプレイ。

DATA

準備期間／約5ヶ月　会場予約／約5ヶ月前　DM／30日前に準備、約1,000枚作成。関連のショップや、ふだんフリーペーパーを置いているショップに置かせてもらう。会場予算／会場とは年間契約で場所代のみ。作家は一律の出展料が参加費となる。搬入・搬出／搬入は当日の朝、2時間前から。搬出はイベント終了後。

パンのランチ ▶ jour de painのパンはイベントで販売するといつも行列をよぶ人気もの。今回のランチでは水菜、さつまいも、豆乳、オニオンなどを材料にしたパンが並ぶ。

ハーブティでひと息 ▶ 友だちがドイツから仕入れて日本で再ブレンドした茶葉を扱う51: farmでは、2種類のハーブティとチャイをサーブ。

テイクアウトも！ ▶ 上は茨城の『シンゴスターリビング』から仕入れたコーヒー豆。下はsweets nabiの焼き菓子で、16種類を用意したという充実の品揃え。

緑に面したテラス ▶ 会場のギャラリーにはテラスがあり、パンやお茶はこの場でいただける。

雑貨屋のようなスタイルで

『homegirlマルシェ』は、作家ごとにブースを分けるのではなく、会場全体に作品をミックスさせるスタイルのイベント。「雑貨屋さんでもの選びをするようなイメージなんです」と主宰のサカモトさん。「メリットは、作家さんによって作品のボリュームが違うのをフォローできること。デメリットは〝どれがどの作家さんか〟というのがわかりにくくて、お客さんと作家さんとのコミュニケーションがとりにくいことです。前回のマルシェの反省会をしたとき、メンバーからその意見があったので、今回は名札をつけたり、作家紹介のボードを置きました」

　買いものを終えたら、テラスでひと息。目の前が公園というロケーションで、訪れる人はゆったりとした時間をすごしていました。

「 自分ひとりでは難しいことも、
仲間と力をあわせれば可能性は広がっていくから 」

共通のお客さんに向けて発信

　ｈｏｍｅｇｉｒｌ（以下ｈｇ）を主宰するサカモトさんの本職はアートディレクター。仕事でマーケティングを意識しているせいか、千葉の暮らしの中であることに気がつきます。

「地方にはおしゃれなお店が少ないから、同じような趣味の人が同じ店に集まるし、多少距離が離れていても、何軒かのお店でお客さんが共通しているんですね。ならば趣味の近いお店同士で一緒に宣伝物を用意してはどうかと、フリーペーパーをつくることを考えたんです」

　おしゃれなお店には女性オーナーが多く、それぞれのオーナーたちと仲良くなったサカモトさんは、「一緒に何かしたい」と思うようになったと言います。

　２００５年３月、オーナーたちとお金を出しあってフリーペーパーを創刊。『ｈｏｍｅｇｉｒｌ』という名前の由来は「地元の女友達」という意味。千葉にはこんなにステキなお店があるし、ステキな仲間がいっぱいいるんだよ！　そんなことを伝えたい気持ちが込められています。

イベントで盛り上げる

　同時に、地元を盛り上げるようなイベントを企画することに。まずはフリーペーパーの発行を記念して、千葉の印旛郡にあるギャラリー風草にて、千葉在住の布作家とコラボレーション企画展を開きます。

「最初が肝心なので、人気や知名度のある作家さんに参加をお願いしました」とサカモトさん。古民家を改装したギャラリーで、シンプルなリネンの作品を中心に紹介したイベントは、大盛況に終わりました。

　その後も、カフェイベントを開いたり、フリーマーケットに参加したり、こまめに活動を続けていたｈｇに、ギャラリー林檎の木のオーナーである壱丁目工房の河合さんから、「ギャラリーを使いませんか」との話しが持ち上がりました。２００６年11月、たくさんの作家に声をかけ、クリスマスをテーマにイベント『マルシェ』を開催。オープン前からたくさんのお客さんが集まり、一時は入場制限をするなどの盛り上がりに。ｈｇの活動が地元に浸透しつつあることを実感する一日となったのです。

どんどん仲間を増やしていこう

　２００７年からは、ギャラリー林檎の木でのイベントを定期化することになりました。何人かの作家に声をかけて雑貨屋スタイルで開催する『マルシェ』のほか、作家ごとにブースを分けて紹介する『エキスポ』と、参加者を公募してプロ＆アマチュアが一緒に出展する『みんなのてづくり市』――。３つのバリエーションを持たせた展開で、訪れる人を飽きさせない工夫がいっぱいです。

「やはり、新しい作家さんが加わると、その方についているお客さんがきてくださるので、同じ仲間ばかりでやっているよりも、縁が広がっていきますね。自分が儲けようと思ってやっているわけではないし、実際に儲からないけれど、作家さんがもう一度やりたい思うようなイベントにしたいので、集客のための宣伝や、買いやすい価格帯の設定などはよく考えるようにしています」

左からjour de painの通称カナパンさん、自称なんでも屋のサカモトさん、little junk yardの茂内さん。

homegirlのあしあと

2003 garibaldiが主催者として名をつらねたフリーマーケットを通じて、女性オーナーたちとサカモトトモコが仲良くなる

2004 homegirl結成

［当初は女性オーナー6人＋サカモトトモコでスタート。後にお店のクローズなどで卒業があり、オーナー4人＋サカモトトモコのユニットのメンバー構成となる。］

2005 3月　フリーペーパー「homegirl」創刊

［初回5,000部を発行。メンバーたちのお店を中心に、フリペ内で取材したお店などを配布先とした。3ヶ月ごとの季刊誌。］

ギャラリー風草にて発行記念イベント『せいかつをたのしむ』を開催

［布作家のJAM JAM、mishuriと、メンバーからはlittle junk yardが参加。jour de painのパンも販売した。］

4月　イベント『homegirl CAFÉ』開催

［以降、たびたび各所でCAFÉイベントを開催する。］

2006 10月　クリエイターズマーケット『工房からの風』に参加

11月　ギャラリー林檎の木にて第１回めの『homegial MARCHE』開催

［10人の作家に声をかけた初めての規模のイベントで、クリスマスをテーマにした。］

2007 4月　ギャラリー風草にて企画展『普段着の一日』を開催

5月　ギャラリー林檎の木にて『EXPO』開催スタート

7月　ギャラリー林檎の木にて『みんなのてづくり市』開催スタート

2008 3月　活動をお休み。フリーペーパー「homegirl」は11号までの発行となった

※現在『りんご市』として、ギャラリー林檎の木主催のてづくり市を継続開催中。

About

BAGELの今吉はなみが主宰するイベントユニット。2005年より奈良にあるカフェ『AIDA』の場所を借りてスタート。オリジナルデザインや作家ものを中心に、自分たちでセレクトした生活雑貨なども紹介している。2007年にリトルプレス『暮らしのエトセトラ』を創刊。2008年には貸し農園に『BAGEL＋Aterier etcetra』をオープンし、イベント以外にも活動の場を広げている。

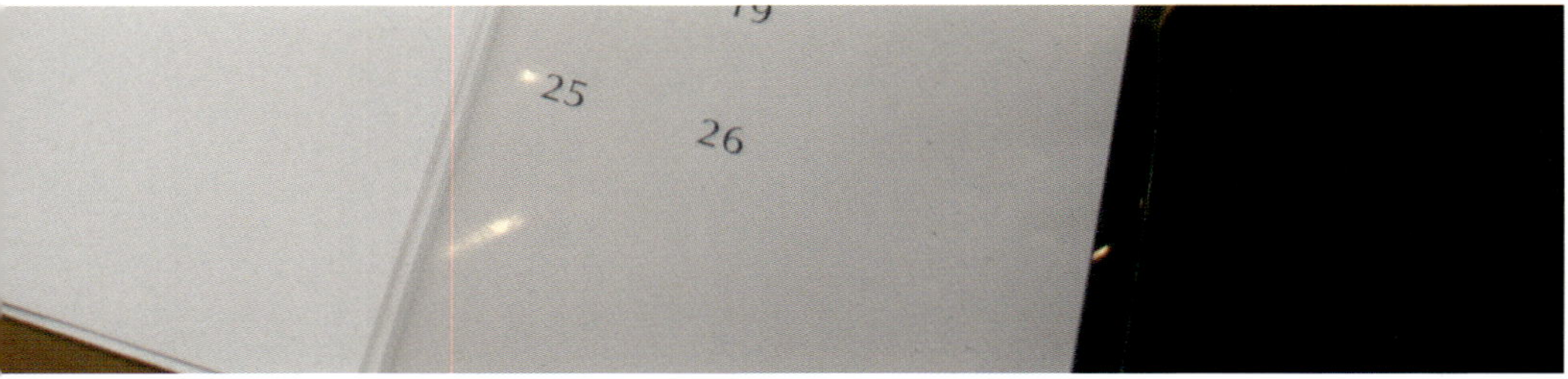

子育て中に出会った仲間たちと

etcetra ［イベントユニット］

『etcetra in AIDA』

2007年11月28日（水）
奈良・「AIDA」にて

[参加メンバー] Shop Corner ／ BAGEL（こども服を中心とした日常着）、saji utsuwa matsushima（器と匙）、UM（シルバーと真鍮のアクセサリー）、soumoku（草花のブーケ、リース）、YUKIKO TOMITA WORKS.（バッグなど布小物）、葉日 yobi（くまのぬいぐるみなど布小物）、aoki apron（リネンのエプロン）、wabi（ベレー帽などニット・小物）、etcetra select（エトセトラが選んだ台所道具など）、Basket m's zakka mart（移動雑貨店）　Food Corner ／ Rollfonn（ロールケーキほか焼き菓子）、豆パン屋アポロ（パン）、野良やさいの北村さん（無農薬野菜）

大和郡山にある『豆パン屋アポロ』は、第2回のエトセトラから出店している。今朝は2時起きでたくさんのパンを焼いた。

春日ノ菜園・北村さんの京野菜セット。農薬・除草剤・化学肥料を使わずにのびのび育った様子から、通称“野良やさい”と呼ばれる。

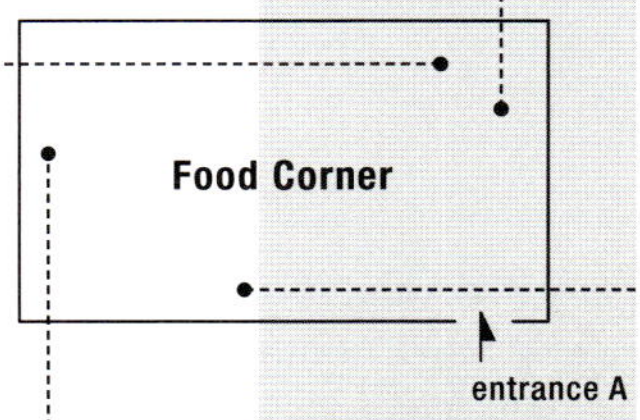

イベント販売のみで食べられるRollfonnのロールケーキと、助っ人Mさんのチャイ。

AIDAのカフェスペースも臨時オープン。購入したパンやケーキもこの場でいただける。

移動雑貨屋のBasket m's zakka martが初出店。古道具が中心の品揃え。

etcetra selectの暮らしの道具たち。

左はyobiのくろくまと鍋つかみ。右はsoumokuのブーケ。

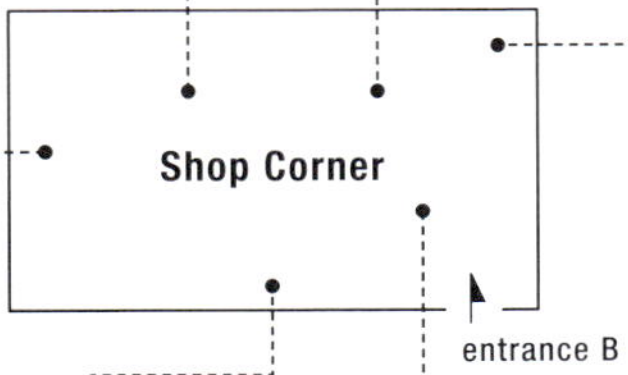

シンプルをベースに、肩ひもなどでちょっぴりの個性を主張するaoki apron。

上はYUKIKO TOMITA WORKS.のバッグとwabiのニット。下はUMの真鍮アクセサリー。

saji utsuwa matsushimaのカップは、子どもの小さな手にもぴったりのサイズ。

ソーイング小箱、木工家具の木印オリジナルのカッティングボードなど、etcetra select。

BAGELのトレーナー・雨ふりぞうさん。雨の模様がステッチのあしらいに。

DATA

準備期間／約2～3ヶ月　会場予約／約2～3ヶ月前　DM（A4チラシ）／1ヶ月～2週間前に準備、約500～700枚作成
搬入・搬出／搬入は前日の夕方～夜にすませ、搬出はイベント終了後の当日中に。

オリジナリティがあるセレクト雑貨 ▶ etcetra selectは、自分たちで実際に使っているおすすめを持ち寄って、みんなで相談して選んでいる。小箱＋ソーイング小物、木のお弁当箱＋手づくりのクロスなど、オリジナルのセットが人気。

季節の便利もの ▶ Basket m's zakka martで扱う、紙コップ用の入れもの。熱い飲み物を持ちやすくする、ちょっと楽しいアイテム。

質のいいものを ▶ ふだんの暮らしをグレードアップさせてくれるmatsushimaの器。

共感し合える仲間たちと

ならやま通り沿いの緑豊かな敷地にある一軒家のカフェ、AIDAは、家と家具のデザイン事務所のお店。床や壁、家具などにふんだんに使われた木のぬくもりが心地良く、ゆったりとした空間です。

そのAIDAの定休日を借りて、エトセトラはスタートしました。主宰するBAGELの今吉さんは、相棒の富田さんと一緒に〝ふだん着の子ども服〟を展開しているデザイナーです。ものづくりで心がけているのは、シンプルだけれどひと味違う何かがあること。BAGELではふたりの本職、グラフィックデザインのノウハウを活かしてTシャツをつくっていますが、「ただプリントしただけではつまらないから」とワンポイントのステッチを入れたり、タグをつけたり、どこかにひとつ、

MEMBERと場所

今回出席したエトセトラのメインスタッフたちは、最前列右からBAGELの富田さん、ご主人と一緒にsaji usuwa matsushimaをきりまわす由香さん、etcetra selectのセットアイテムなどを担当する直子さん、2列目右からRollfonnのゆみさん、そしてBAGELの今吉さん。ほかの参加者のみなさんと一緒に記念撮影！

取材の日は紅葉シーズン。会場となったAIDAの砂利道には落ち葉がパラパラと。

BAGELの富田さんが展開するYUKIKO TOMITA WORKS.のバッグ。「いかにも手づくりだと『自分にもつくれる』と思われそうだし、既製品だとつまらないから、その中間をいくのがコンセプト。BAGELでも同じようなスタンスでものづくりをしています」と富田さん。

手縫いの作業を入れるのが持ち味。

変わったものが欲しいわけじゃないけれど、人と同じじゃつまらない。

エトセトラでも、そんな〝シンプルのさじ加減〟に共感する仲間が集まって、身につけるもの、おいしいもの、暮らしの中で使うものなどを紹介しています。手仕事による器や布小物、ニット、バッグ、アクセサリーのほか、イベントだけに出店しているロールケーキ、おいしいパン、新鮮な無農薬野菜という具合に、BAGELの服以外にもたくさんのアイテムが並びます。

訪れる人をわくわくさせる品揃えは、等身大からちょっとだけ背伸びをするような、さりげないセンスを感じる絶妙なライン。「エトセトラにいけば何か見つかる！」という信頼感で、訪れる人の輪はどんどん広がっていくのでした。

「手づくりでもなく、既製品でもなく、
その中間ぐらいがちょうどいい」

おそろいの服が縁結びに

　ＢＡＧＥＬのふたり、今吉さんと富田さんが出会ったのは、わが子を通わせていた幼稚園。学年は別々でつき合いはなかったものの、子ども同士が同じ服を着ていた偶然に、「おそろいですね」と声をかけあいました。話してみると他にも趣味が近いことばかりですっかり意気投合して仲良しに。「一緒に何かやりたいね」と、〝うちの子に着せたい服〟をつくるＢＡＧＥＬを立ち上げました。

　エトセトラがスタートしたのは、それから間もなくのことです。今吉さんたちが〝おかあさん〟と呼んで慕っているＡ－ＤＡのオーナーから、店の定休日を貸してくださるというサポートがあり、２００５年に第１回目を開催。周囲の知り合いに声をかけて人を集め、小さなイベントとして一歩を踏み出しました。

さまざまな縁に支えられて

　Ａ－ＤＡのおかあさんは、子育てと仕事を両立してきた方で、いつも若い人たちを励ましてくれる存在。今吉さんは、自宅を建てる際にＡ－ＤＡでお世話になり、おかあさんと知り合いました。当時休職中だった今吉さんにおかあさんは「子育て中でも仕事は続けてみたら？」と、Ａ－ＤＡが発行するフリーペーパーの制作を任せてくれたと言います。

　そんなおかあさんは、１回目のイベントが終わったあとに「どうせやるならもっとたくさんの人に見ていただきましょう」とアドバイス。次回からはさらに広いスペースを用意して応援を続けてくれました。

　２回、３回と開催を重ねるうちに参加メンバーも増え、規模も大きくなっていきます。イベントの開催は「毎回試行錯誤」と今吉さん。参加メンバーは、さまざまな縁で知り合った人に、今吉さんが声をかけてお誘いするケースがほとんどです。お互いのつくるものを見て刺激を与え合えるから、イベントが終わるごとに充実感に満たされて、また次への想いにつながっていきました。

　４回をすぎるころからは、オープン前に行列ができるほどの人気に。「毎回きてくださる常連さんがたくさんいるのがとてもうれしい」と今吉さんは感謝を込めて話します。

つぎに向かって

　一方で「ものを売って終わりではなく、何かにつなげていけたら」と感じるようになりました。

　２００７年、リトルプレス『暮らしのエトセトラ』を創刊。ほんの少しでも社会に貢献ができればと、売り上げの一部をセーブ・ザ・チルドレン・ジャパンに寄付する仕組みにしています。

　そして7回目を盛況に終えたあと、エトセトラは新たな一歩を踏み出しました。もともと「子どもと一緒に出かけられるイベント」を目指してきた今吉さん。訪れてくれる大人や子どもと、もっとゆっくり関われたらと、貸し農園の一角を借りて小さなアトリエをオープンさせました。平日は共同作業所として使い、週末はギャラリーとして開放。子どもは畑を探検したり、大人はおしゃべりに花を咲かせたり。穏やかな時間が流れるこの場所で、これからも新しい縁がつながっていきそうです。

今吉さんたちが「こや」と呼ぶ
小さなアトリエ。

BAGELのあしあと

2004 5月 BAGEL結成 5月

6月 豆パン屋アポロの企画展『いちにちマーケット』に参加

［以降、毎年2回の開催となる同企画展に続けて参加している。］

7月 BAGEL HOME SHOP開催

2005 3月 etcetra in AIDA（第1回）の開催

［友人、知人を中心にお知らせをして、こじんまりと開いた。］

5月 etcetra in AIDA（第2回）の開催

12月 etcetra in AIDA（第3回）の開催

［お客さんが増え始める。］

2006 4月 奈良・Leafの企画展『オランダのにちようび』に参加

［以降、年2回、春と秋のマーケットに参加している。］

7月 etcetra in AIDA（第4回）の開催

［RollfonnとUMが初参加。］

12月 etcetra in AIDA（第5回）の開催

2007 『暮らしのエトセトラ』創刊

6月 etcetra in AIDA（第6回）の開催

※2007年11月、etcetra in AIDA（第7回）を最後に、AIDAでのetcetraの開催を卒業する。

デザインフェスタ

第26回　2007年11月17日(土)～18日(日)
有明・東京ビックサイトにて

会場には2,600ほどのブースがあり、絵画、イラスト、写真、オブジェ、雑貨、洋服、アクセサリーなど、さまざまなジャンルの作品が並ぶ。他、ライブやショー、ミニシアターなどのエリアも。

埋もれない自分を確かめる！

デザフェスの通称で知られる、国内最大規模のアートイベント。1994年にスタートし、現在では7,000人の出展者と53,000人の来場者で賑わうようになりました。ショップのバイヤーやメディア関係者などが人材発掘に足を運ぶため、クリエイターにとっては登竜門的存在。本書の中でも、イシイさん、オギハラさん、ニイナさんほか、デザインフェスタで何かのきっかけをつかんだ人の姿が語られています。

広い会場には、とても1日では観きれないようなブースの数。この熱気の中で、自分の作品がどれだけの人の目にとまるのか……。会場を歩いていると、それにはブースのつくり方が大きく左右することに気が付きます。目をひくブースは、周囲との区別がはっきりつくような立体的な展示で、作品の世界観を打ち出していました。

2つのブースを借りていたニット作家のchiot.Rさん。「パーテーションがあるのとないのでは全然違うから」と、自宅から棚や間仕切りになるものを持ち込み、布をあしらって、ショップ風の展示に。

まるでインテリアのスタイリングのように、ガーリーな雰囲気づくりに成功していたのは、アクセサリー作家のblossomさん。今回が8回目の出展で、約3ヶ月間をかけて準備をした。

デッドストックの布や革、古い切手などの素材でノートやアルバムを仕立てる製本家のrhinocérosさん。古いものが好きで、木箱をディスプレイにとりいれ、手製本が持つ味わいを引き出していた。

「デザフェスだけでお会いできるリピーターのお客さまがいるんです」と多肉植物を手がけるsolxsolさん。大きなショーケースをひとつ置き、中にはたくさんの植物たちを見やすく並べていた。

「実用とアートの中間のような作品をつくっていきたい」という陶芸家の中村かおりさん。電照菊からヒントを得たという磁器の作品を浮かべるように吊して、人々の興味をひく展示方法。

ギャラリートピック ②

学校跡地がギャラリーに

ランプ坂ギャラリー

小学校の古い校舎。そこに併設していた元幼稚園の教室をギャラリーにした。懐かしさを感じる広い空間は、イベントや企画展など、あらゆる可能性が。児童用机の貸し出しもあり。使用料は57㎡で5万円ほか(10日間)。／東京・四谷
http://www009.upp.so-net.ne.jp/ccaa/

1　2　**3**　4　5

大好きな場所で

自宅などで開くポイント

身近な場所に目を向ける

個展の会場を探すとき、ちょっと頭を切り換えて、ギャラリーや貸しスペース以外の身近な場所にも目を向けてみましょう。

まだまだ少数ですが、ヘアサロンやフラワーショップなどで、展示をしているところもあります。行きつけのお店で、自分の作品に合いそうなところはありませんか？　まずは雑談がてら、オーナーの意向を聞いてみると、話しが広がることもあるかもしれません。

さて、もっとも身近な場所といえば、自宅で開催する手段があります。自分の家が個展会場として成り立つかどうか、考えてみましょう。

大切なのは、作品を〝みせる〟空間として、ふさわしいかどうかです。場所代を浮かせるために自宅を使うような意識ではなく、作品イメージのプラスになることを目指した自宅個展にしたいもの。

それには、お客さんをお迎えできるようなインテリアであることはもちろん、それが作品の雰囲気とマッチしなくてはいけません。自宅には、住む人のセンスがあらわれます。

作品イメージのプラスになるように

たとえば、ある布作家の方は、古いマンションのリビングダイニングを使って展示会を開いています。DIYで真っ白にペイントされた空間に、バランスよく並んだ古い家具や道具などが個性をはなち、シンプルながらも自分らしさを追求した暮らしぶりが、手仕事でつくられる作品への想いにつながるようでした。

また、ある陶芸家の方は、築75年の古い一軒家を改装した自宅で、年に一回の個展を開いていますが、趣

集客

プライベートな空間だから、予約制が安心。来客の予想もつく。

開催スケジュール

生活に負担がかからないよう、1～2日間の少ない日程からはじめたい。時間帯も短めに設定。

条件確認

会場としてふさわしいかどうかを検討する。車での来場も含めた交通の便。騒音対策など近隣への配慮。集合住宅の場合は、販売ができないなどの制約も。

のある建物はギャラリー以上のおもしろみにあふれていました。そこに住まう家族の存在が感じられて、暮らしのなかになじむ器のイメージがふくらむような個展でした。

お客さんからしてみれば、作家の自宅を訪れるという特別な機会にわくわくしているはずです。自宅の中の一室だけを開放するような、小さな規模でもかまわないけれど、そのわくわくを損なわないように、訪れてくれる人の目を楽しませるような空間づくりを心がけましょう。

準備万端で当日に

自宅個展を開催するにあたっては、たくさんの人が訪れることを考えて、環境面も整えなくてはいけません。集合住宅の場合には規約によって販売などに制限がありますし、住宅街の場合には周囲から苦情がこないように配慮が必要です。自宅のセキュリティ面にも気を配り、プライベートを守る場所と、お客さんを招き入れて開放する場所の区別をしっかりつけておきましょう。

これらのことから、自宅個展は予約制にするのが安心です。住所の公開は目安程度にして、予約を入れた方にだけ詳細をお伝えするシステムにすると、まったく関係ない人が訪れるというリスクを減らすことができます。とくに時間帯で予約を区切っておくと、来客数も予想がつき、混雑で周囲に迷惑をかけたり、対応が追いつかない事態も避けられます。

さまざまな準備を乗り越えたら、当日は余裕をもって迎えましょう。お客さんとお茶をご一緒するなど、心を込めたおもてなしを楽しみたいもの。くつろげる雰囲気ですごせることが自宅個展のメリットなのです。

point!

セキュリティ

オープンにする場所と、クローズの場所の区別をしっかりつけて管理。トイレの貸し出しも想定に入れてプライバシーを守るように。

展示

ディスプレイ以前に、まずは空間をつくりあげることが大切。作品が引き立つようにメリハリをつけたい。

当日

おもてなしの感覚でゲストに楽しんでいただく。

Profile

1968年名古屋生まれ、神奈川県在住。花屋や雑貨店、カフェなどで働きながら、趣味のお菓子づくりに独自性を見出していく。ショップへの卸しやカフェのケーキ担当などを経て、『おうちカフェ』をオープン。出産を機に休業するも、イベントを通じて活動を再開。現在は雑誌などでも活躍中。

はじまりはおうちカフェ

きむらかよ　[お菓子焼き人]

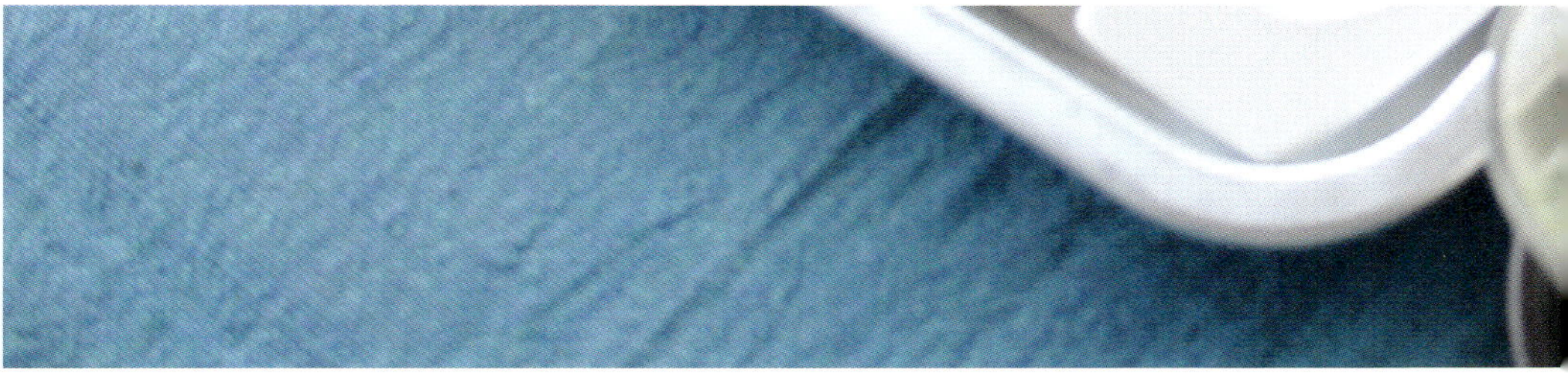

『葛づくしのおやつ』

2008年6月10日（火）
自宅にて

お客様が来るまでに…

その日のメニューにあわせてテーブルコーディネイトを決める。使うお皿を台の上に人数分出しておく。

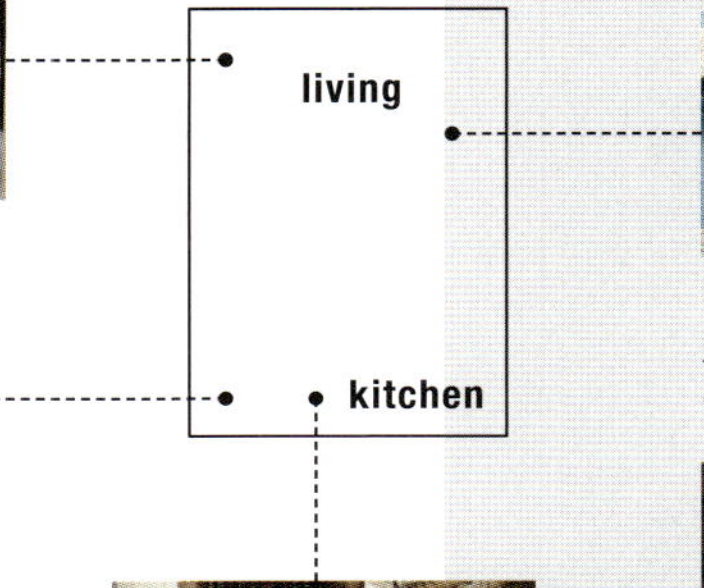

テーブルにクロスをかけて、マットを並べるところまですませておく。季節のお花を活ける

タイムスケジュールをメモしておく。下ゆでが必要なものなど、最小限の下ごしらえをすませる。

レシピはプリントアウトして、後でゲストに配る。自分用はキッチンの作業台の前にペタリ。

DATA

準備期間（レシピの考案など）／約１ヶ月　予約受付／約１ヶ月前　参加費／3,500円　当日のメニュー／豆乳葛もちの枝豆ソース添え、杏の葛焼き、葛入りドーナツ・いちごジャムとホイップバター添え、ごま葛クッキー

お客様が到着！

自由なおもてなし時間

かよさんが自宅でおうちカフェを開くのは、約8年ぶりのこと。今回はリニューアル第一弾として、葛粉を使ったレシピを用意しました。

「からだの手当をしてくれる葛粉は、わが家に欠かせない食材なんです。使い方次第で、もちっとしたり、サクッとしたり、可能性がいっぱいあっておもしろいの」

材料にはホットケーキミックス粉や、生クリームなどをあわせて、かよさん流のレシピに。スーパーでも手に入るような材料で、簡単に、おいしくつくれることがポイントです。

「調理の課程が見られるって、楽しいですね」と参加者の内藤さんと薄田さん。つくり方以外にも、食器の並べ方やクロスの色づかい、ラッピングの材料など、いろんな発見に目を輝かせていました。

デモンストレーション ▶ キッチンの中でつくり方をお見せする。シンクの部分は板でふさいでクロスをかけ、ゲストがくつろげるように。

カフェタイム ▶ つくり終えたらテーブルにコーディネイト。一見地味な葛粉のおやつも、こんなにかわいく仕上がった。みんなでいただきながら、おしゃべりを楽しむひととき。

一緒にラッピング ▶ お土産用の焼き菓子を使って、ちょっとしたラッピング講座のように。用意した材料からゲストが好きなものを選んで仕上げる。

きむらかよの ものづくりstory

自宅をカフェに

　最初の名前は『サロン ド パピエ ドゥ』といいました。もし『おうちカフェ』と改名せずに活動していたら、かよさんのお菓子はここまで多くの人に知られなかったかもしれません。今では著書も出版になり、雑誌でも連載を持つなど活躍を続けるかよさん。その一歩は自宅のキッチンから始まります。

　独立を決意したのは、アルバイトをしていたカフェの経営交代がきっかけでした。それまではケーキ担当として、好きなメニューをつくらせてもらえていたのが、方針が変わり、パティシエを招き入れることになったのです。その下で働けるのもいいチャンスかもしれないけれど……。

「はたして、私は料理人になりたいのかな？って、立ち止まって考えちゃったんです。それまで、好きにやらせてもらえるのが心地よかったし、何かに属するよりも、自分であれこれ考えながらやりたいタイプ。これは独立のいい機会だなと、わりとすんなり答えが出ました」

　約４ヶ月の準備期間を経て、１９９８年の秋、自宅でオリジナルの焼き菓子をサーブする『サロン ド パピエ ドゥ』をオープン。

「料理教室をやりたいわけじゃなかったんです。とにかく、焼きたてを食べてもらいたかったの。私がつくるから、みなさんにはくつろいで欲しいと思っていました」

　サロンは、その日のメニューのつくり方をデモンストレーションしたり、お菓子のラッピング講座を盛り込みながら、ゲストの興味にあわせて進めていくスタイルでした。

　数ヶ月がすぎたある日、『ホームカフェ』という本のタイトルが目にとまり「私だったら、おうちカフェだな」とひらめきが生まれ、そう名乗るようになりました。

　時代はカフェブームの兆しを見せ始めたころ。『おうちカフェ』という造語は新鮮な響きを感じさせました。雑貨が大好きというかよさんがつくるお菓子の雰囲気と、おうちカフェのネーミングはぴったりマッチして、雑貨ゴコロを持つ人たちの関心をグッとひきよせることに。ホームページ（以下ＨＰ）を立ち上げた効果も重なって、おうちカフェの名は次第に知られていきました。

イベントで活動再開

　お菓子づくりの他には、詩を書いたり、写真を撮るのも、大好きというかよさん。名古屋にある友人のアンティークショップで作品展を開く活動もしていました。あるとき、焼

1. 道具はどれも大切だけれど、10年以上は愛用しているというマトファーの木べらと、友人であるabstyle・bossさんの作品のリネンクロスには、とくに思い入れが。　**2.** キッチンは大好きな場所。ここに座って書きものをしたり、パソコンを持ち込んだりしてすごすことも多い。
3. キッチンの作業台に並ぶ道具たち。

4. ラッピングに使う材料は、大きなボックスにストックしている。
5. 縫い物も好きで、イベントのときにオリジナルの雑貨をつくり出品することも。クッキーコースターと、リネンの刺繍バッグ。

「焼き菓子ってちょっと地味。だからラッピングにこだわっていたのかも。」

き菓子の写真を出展したら「ぜひ本物も！」という声があがり、焼き菓子の期間限定ショップを開催。イベントを得意とするかよさんの基盤は、ここからスタートしていきます。

　そのうちに、HPで活動を知った人から、取材の依頼や仕事のお誘いもかかるようになったころ、妊娠が発覚。おうちカフェは大きく成長しそうな時期に差しかかっていたけれど、潔く子育てに専念するべく休業に入りました。

　出産後は、子どもが一歳をすぎたころから自然にお菓子づくりを再会。名古屋での期間限定ショップをはじめ、仲間と一緒にチームぱぴえ堂を結成し、鎌倉や国立でイベントを行います。何しろまだまだ育児期間中。1日だけの開催でしたが、HPで情報を知ったお客さんが次々に訪れ大盛況に。後日、訪れた友人などがその様子を自分のWEBサイトにアップしてくれると、またクチコミ効果につながっていきました。

変化にあわせて

　メジャーな雑誌などへのお菓子の発表は、宝島社のムック本『絵本からうまれたおいしいレシピ』に参加したあたりから。かよさんのHPを見ていた編集者から声がかかり、共著として担当。人気を集めて第四弾までシリーズ化されました。

　その間に、初めての著書『かよさんのおうちカフェ　12ヶ月のお菓子レシピ』も出版に。その名の通り、おうちカフェ時代のレシピを再現した内容で、これまでの活動を記念する一冊となりました。続いての著書も出版になり、雑誌の仕事も増えていくなど、順調にやりたいことを実現していく中で、かよさんはまたひとつの転機をむかえます。

「40歳を前にふと立ち止まり、自分自身のこれからを考えたくなりました。夢中で走ってきた時期があって、『もっと、もっと』と、つねに上を目指してきました。けれど、ほんとうに大切なものや存在は、ふだんの暮らしのなかに、私の足元にあった……。そこに気づいたのはとても大きかったと思います。向上心は失わずにいながらふだんの暮らしを大事にしていきたい。これからは〝ふつう〟を極めて、それを伝えていこうと思ったんです」

　お菓子のアプローチも、自然に変わっていきました。少し前から、プライベートではマクロビオティックの食生活を採り入れていましたが、ひとつ間違えばストイックになりがちなマクロビを自分の仕事で紹介するには、まだ時期じゃないと感じていたかよさん。それがふと、形式にとらわれず、材料も限定せず、自分なりにゆるくやればいいのではと思えるようになったと言います。

「私がつくりたいのは、お菓子というより、おやつなんです。キッチリはもういいの。グラム表記ばかりにこだわらず、もっとおおらかに。うちでつくる簡単なおやつって、それで充分と思うのよね」

　再会したおうちカフェは、以前より少しだけデモンストレーションに重きをおくようなスタイル。参加した人が、今日のメニューをおうちでも簡単につくれたらいいなと、かよさんは願っています。

2007年11月、小冊子の『biyori』を自費出版。エッセーのほか、愛用のおもちゃや子供服なども載せたかわいい育児本。

きむらかよのあしあと

1991〜 フラワーショップ、雑貨店、カフェ、ケーキショップなどで働く

1998 カフェでケーキの担当をしていたが、退職

自宅にて『サロン ド パピエドゥ』をオープン

［「パピエドゥ」は、フランス語をヒントに「甘い紙」という意味でつけた造語。］

1999 『おうちカフェ』に名前を改める

ホームページを開設する

［当時増えていたおしゃれな個人サイトに影響を受け、夫の協力により自分のWEBサイトを立ち上げる。掲示板などを通じて、さまざまな仲間と知り合う機会になる。］

名古屋のアンティークショップ桜乃（現在は休業）にて、焼き菓子の期間限定ショップを開催

妊娠により、おうちカフェ休業

2000 長男を出産

2001 雑誌『カフェ』にて初のコラムの連載を担当（現在は休刊）

桜乃にて期間限定ショップを不定期で再開

2002 鎌倉にてイベント『海の見えるぱぴえ堂』を開催

［以降、友人や作家仲間と一緒に、“ぱぴえ堂”の名でイベント活動を始める。］

国立のTete cafe galerie（現在は銀座に移転）にてイベント『ぱぴえ堂の応接間』を開催

2003 新宿のリビングセンター OZONEにて企画展に参加

2004 青山のスパイラルマーケットにて企画展に参加

Tete cafe galerieにてイベント『亜麻いろかふぇ』を開催

2005 共著『絵本からうまれたおいしいレシピ』（宝島社）を出版

［以後、第四弾までシリーズ化され、担当を続ける。］

『かよさんのおうちカフェ 12ヶ月のお菓子レシピ』（宝島社）を出版

［おうちカフェのメニューを再現した初の著書となる。］

2006 『ぱぴえ堂・かよさんの　いっしょに作るこどものおやつの本』（主婦と生活社）を出版

2007 小冊子『biyori』を自費出版

［子育てにまつわるエッセーを書いた小冊子を発行。］

神奈川のSunny Daysにてイベント『おんなのひとじかん』を開催

Profile

東京生まれ、文化学院文学科卒。雑貨店に勤めた後、職業訓練校で彫金を学ぶ。1999年に結婚。雑貨づくりをしながらアルバイトの生活を送る。2002年にインテリアスタイリストのアシスタントに就き、現在はフリーランスで雑誌や書籍のスタイリングを手がけている。

仕事とは別に、表現したいこと

四分一亜紀　[スタイリスト]

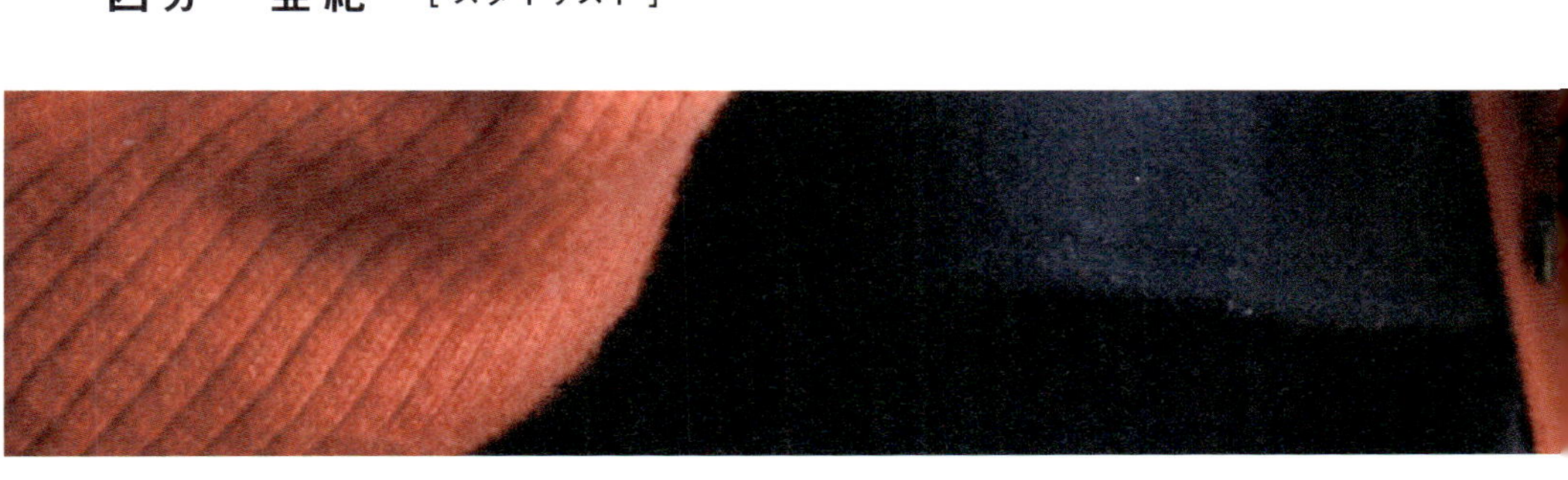

『四分一亜紀展・果樹はささやく』

2007年12月7日（金）～13日（木）
福島・「あんざい果樹園」にて

［ワークショップ］土鍋ご飯とうつわのお話し（ランチとおみやげ付き2,000円）、簡単写真絵本をつくろう（お茶とお菓子・お土産付き1,800円）

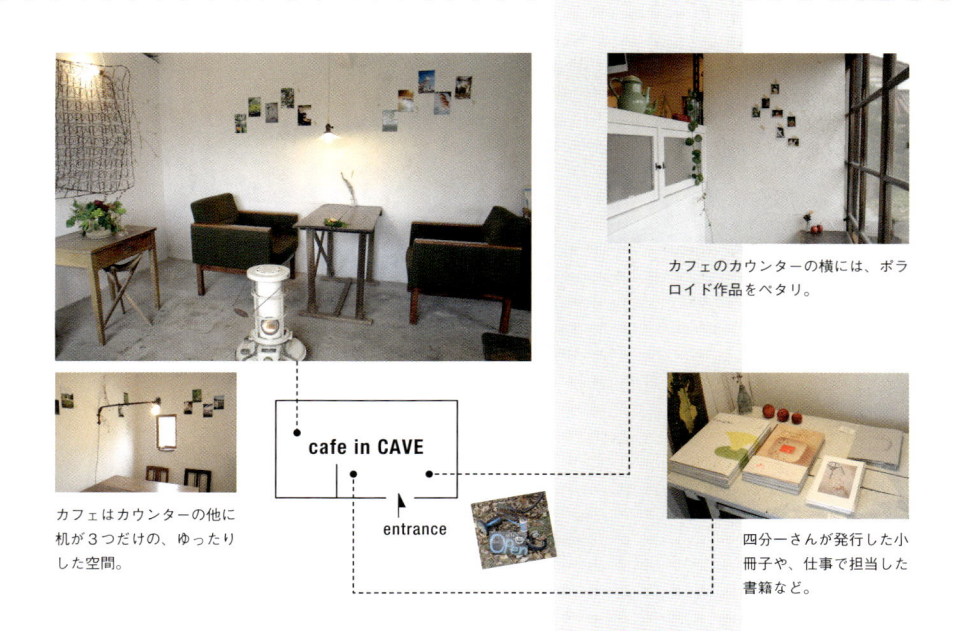

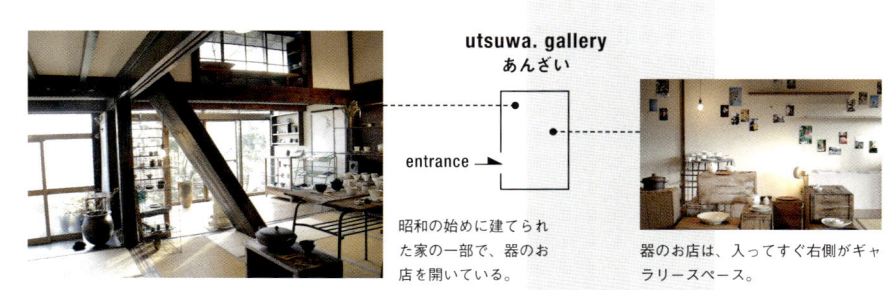

カフェのカウンターの横には、ポラロイド作品をペタリ。

カフェはカウンターの他に机が３つだけの、ゆったりした空間。

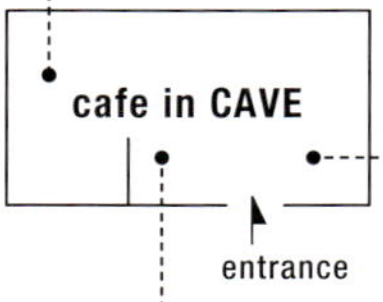

四分一さんが発行した小冊子や、仕事で担当した書籍など。

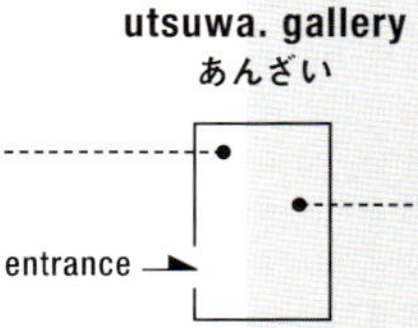

昭和の始めに建てられた家の一部で、器のお店を開いている。

器のお店は、入ってすぐ右側がギャラリースペース。

DATA

準備期間／約３ヶ月　DM／１ヶ月前に準備、約1,000枚作成（個展会場になったカフェや、知り合いのカフェ、少し前に参加したイベントなどで配布）　在廊日／毎日　搬入について／搬入と展示は前日の夜に。

座ったときの位置を考えて ▶ カフェへの展示は高めの位置にして、お客さんが席に座ったときに隠れないように配慮した。写真は現像所で手焼きしたものをパネルに貼って展示。白い紙にえんぴつで書いた“ことば”をマスキングテープでラフに貼りつけた。

ことばをつづる ▶ 写真にはひとつ、ひとつに、ことばがそえられている。

器のセレクトコーナー ▶ 四分一さんの愛用品をセレクトして、ふだんの使い勝手などを書きとめた。器の店の展示は、四季ごとの写真でまとめている。

被写体になったこの場所で

福島の駅から車で20分ほどのフルーツライン沿いに、あんざい果樹園があります。数年前、友人に誘われて農作業の手伝いに訪れた四分一さんは、都会では経験できない農家の生活にひかれて何度も足を運ぶようになり、その度にたくさんの写真を撮りためていきました。

今回の個展は、あんざい果樹園で撮影した写真をあんざい果樹園で発表するという試み。お母さんの久子さんが器のお店を、お嫁さんの明子さんがカフェを営んでいるので、その場所を借りての展示です。

器のお店では展示のほかに、四分一さんが愛用している器のコーナーを設けて。カフェでは本職がスタイリストならではのテーブルまわりのことや、得意分野の豆本について、ワークショップを開催しました。

小さなりんごのディスプレー ▶ 個展のころはちょうどりんごのシーズン。会場のあちこちに、「アルプスおとめ」が飾られて静かな彩りをそえていた。

果樹園のこと

個展にあわせて、四分一さんは『果樹園のこと』というタイトルの小さな冊子を自費出版しました。そこにつづられているのは、果樹園の四季とあんざい家の人々のお話し。読み終わるころには、なんだか心がじんわりして、あんざい家のみなさんに会ってみたくなるのです。

決して便利とはいえない場所にある明子さんのカフェですが、お客さんは次々に訪れます。もとは果物の直売所だった場所の一部を自分たちで改装したのだそう。

「この辺りには、古くてステキな建物が残っているのに、〝古いものはキタナイ〟と思われがちで、つぎつぎに建て替えられてしまうんです。その流れを止めたい気持ちもあり、このカフェは古いものが活かせる内装にしたんですよ」と明子さん。

白い壁に木枠の窓、小さな明かりを灯すライト、アラジンのストーブを囲むように古い木の机がゆとりを持って配置されています。空間の静かな雰囲気に添うように、四分一さんの写真は飾られていました。

いろいろなおつき合い ▶ 直売所の袋詰めに同封する果樹園のパンフレットは、四分一さん撮影の写真で作られた。久子さんとは、一緒に器の買いつけに出かけることも。

四分一亜紀の ものづくりstory

生活が楽しくなるように

高校時代、写真部に在籍していた四分一さん。「現像液のニオイに耐えられなくて半年間で退部したんです」と人なつっこい笑顔で話します。この持ち前の明るさが、たくさんの出会いをひきつけるのでしょう。

卒業してまず働いたのは雑貨店でした。四分一さんには「人生の幸福は日常の些事にある」という座右の銘があります。雑貨をあつかう仕事に就いたのは「日常的にステキなものを使う〝生活の楽しさ〟を提案したい」との思いからでした。

販売員を続けるうちに、〝誰かが選んだものを並べて売ること〟に限界を感じ始めたころ。四分一さんの進む道に影響をあたえたのが、イラストレーターのナカムラユキさんとの出会いでした。それまでは、ものづくりに対してかまえていた気持ちがあったけれど、ナカムラさんの存在がそのハードルを取り払ってくれたと言います。

「いつか自分の雑貨屋を開きたい」との思いもありましたが、まずはものづくりがしたくて、彫金の職業訓練校に通うことに。半年間の課程を修了したあとは、知り合いの会社でアルバイトをしたり、友人のパン屋さんを手伝ったり、「いわゆるフリーター時代」をすごします。

同時に、アクセサリーや布小物など、さまざまな雑貨をつくっては、自分らしい活動を模索する毎日でもありました。写真が好きな気持ちもずっとあって、ロシアのカメラ〝ロモ〟を持ち歩いては、興味のあるものにシャッターを向けていました。

2001年には中目黒の雑貨店クーフーリンの『スーベニール展』に参加し、手づくりの雑貨を発表。このとき、同じ出展者だったエッセイストの中川ちえさんと出会い、その後のちえさんのイベントのお手伝いを通じてつき合いを深めていきました。

自分の仕事にたどりつくまで

スーベニール展が終わって間もなく、クーフーリンの店主の方がお休みをとる機会があり、四分一さんに留守番の声がかかります。

「クーフーリンの店舗を借りて『チャーミングドット』という期間限定ショップを開きました。仲良しの手づくり作家さん20人以上に声をかけて作品を並べたり、セレクト雑貨を集めたり。毎週木曜日を〝おやつの日〟にして、カフェやベーカリーからパンやお菓子を取り寄せたんですよ」

自分の雑貨屋を夢見ていた四分一さんには念願のチャンスでしたが、一ヵ月の店主経験は、想像以上にた

「遠まわりしたと思っていたけれど むだなことはひとつもなかった」

いへんなものでした。

「わざわざ足を運んでくれた人に残念な思いをさせたくないし、作家さんにも気持ちよく参加してほしい。お客さんと作家さん、両方に気をつかって、イベントが終わったころにはすっかり燃え尽きていました」

自分の気持ちに一区切りがついてまもなく、中川ちえさんから「スタイリストの小澤典代さんがアシスタントを探している」との話しが舞い込みます。まずはひとつのプロジェクトを手伝った後、正式なアシスタントに採用。約1年半の修行を積み、フリーのスタイリストになりました。

ふたつの大切

暮らしの中にセンスを見出し、それを提案するスタイリストの仕事は、日常を楽しみたいと願う四分一さんにとってやりがいのある天職。

1. もみじ市限定の「くだものまんが」の原画。これをカラーコピーして、豆本に製本する。　**2.** 自費出版した小冊子『果樹園のこと』。友人の編集者、イラストレーター、デザイナー、たくさんの人の手を借りてつくりあげたもの。　**3.** 四分一さんがふだん手がけている雑誌や書籍。インテリアや食まわりのスタイリストとして活躍している。『fu-chi』では「手づくり実験室」を連載中。　**4.** ものづくりに使う文具などは、古い日本の糸ケースに収納している。

一方で、友人に誘われて初めてあんざい果樹園を訪れたとき、ふだんの都会の生活では味わえない感動を覚えました。自然の中でカラダを動かし、食べて、笑って、家族ですごす農家の日常もまた、幸福な些事と感じられたに違いありません。

あんざい果樹園で撮りためた写真に言葉をつけて冊子をつくったり、個展を開いたのは、自分の感動をとにかく誰かに伝えたかったから。

「スタイリストの仕事では、雑誌や書籍にあわせた企画の主旨があって、それをきちんと解釈して仕上げるのがプロとして大事なこと。でも、自分の個展には規制や枠はないし、自分の楽しみとして自由にできるのがいいなと思います」

いつも誰かに声をかけられ、〝お手伝い〟をまっとうしながらめぐり逢えた仕事と、通い続けたくなる大好きな場所。ふたつはバランスを取り合いながら、四分一さんの中で仲良く同居を続けているのでした。

四分一亜紀のあしあと

1999 雑貨店を退職し、職業訓練校に通う

2001 クーフーリンにて『スーベニール展』に参加

クーフーリンにて企画展『チャーミングドット』を開催

このころ、自己紹介や近況報告がわりにフリーペーパー『しぶいち新聞』を手づくりしていた。

2002 スタイリストのアシスタントに就く

2004 フリーランスのスタイリストとして独立

2005 初めてあんざい果樹園を訪れる

2007 経堂のロバロバカフェにて個展『果樹はささやく』を開催

あんざい果樹園の個展に先駆けて、仲良しのカフェで個展を開催。写真の展示と小冊子の販売のほか、あんざい果樹園のくだものを販売した。

狛江の手づくり市『もみじ市』に参加

これまで、中川ちえさんのお手伝いとして裏方参加をしていたもみじ市にあんざい果樹園と共に初出展。『四分一亜紀+あんざい果樹園「写真とくだもの」』として参加した。

乙女 湯のたしなみ

vol.4 2008年4月20日（日） 北千住・タカラ湯にて

銭湯を舞台に、かわいいことがしたい！

「小冊子がつくりたくてテーマを探していたとき、ずっと続けても興味がつきないことって何だろうと考えたんです。その答えが銭湯でした」

主宰のmasamiさんにとって、銭湯に行くのはカフェに行くのと同じ感覚。出かけた銭湯は1,000件を超えると言うほどに、日常の中であたりまえに存在しています。

そんな銭湯をテーマにしてみたら、あの洗い場や脱衣所を舞台に、やりたいことがむくむくと浮かんできて――。小冊子を発行すると同時に、女子だけの銭湯イベントを開くという、２本柱の活動スタイルになりました。

「銭湯が暮らしに加わると、しあわせの場が広がるんです」とmasamiさん。その魅力を再発見してもらえたらとさまざまな企画を実践中です。

2007年1月、フリーペーパー『乙女 湯のたしなみ vol.1』を発行。それにあわせて1月6日、高円寺のなみのゆを貸し切って初めてのイベントを開催した。以降、季節ごとの発行＆開催を続けている。

女子の集まりに「おいしい」はつきものだから、湯上がりにスイーツを出すように。vol.4では時間がお昼時だったので、玄米だんごむすびを用意。参加者に水筒持参を呼びかけ、中にそそぐ熱いお茶も準備した。

ふれあいの場である銭湯にふさわしく、おかみさんを囲んだ座談会、脱衣所ヨガ、ミニライブなどの企画を盛り込んでいる。vol.4ではボイスヒーリングとしてお風呂場で合唱！　足湯をしながら心地よく。

毎回、乙女チョイスな入浴グッズが配られる。番台で鍵を受け取りロッカーを開けると、中に一式が並んでいる仕組み。オリジナルのエコバッグがあって、そちらを持参すれば100円割引になるリピーター特典も。

スタッフ一同で記念撮影。「どんどん廃業していく銭湯を守りたい気持ちがあります」と主宰のmasamiさん（後列中央）。窓のすり硝子や浴場のタイルなど意匠のすべて、無くなったら二度ともどすことはできないから。

昔ながらのたたずまいを残すタカラ湯の入り口。「ぬ」の看板は、お湯がぬいてあること、すなわち準備中を示している。営業中は、お湯が沸かしてあることを示す「わ」の看板が下げられる。

ギャラリートピック ③

空き地で何する？

貸しはらっぱ　音地（おんぢ）

約16坪の小さな原っぱ。雨天中止はまぬがれないけれど、頭上に空、足もとに土、この気持ちよさには変えられない！ 古本市、ピクニックフリマ、谷中骨董市と、味のあるイベントが開催されている。1日2,000円から。／東京・谷中
http://ondi.exblog.jp

1 2 3 4 5

4 雑貨ショップで

雑貨ショップで開くポイント

ショップ側が企画するもの

雑貨ショップで個展などを開催する方法には、企画展とスペース貸しの、大きくふた通りがあります。

おもに行われているのはショップ側が企画する〝企画展〟と呼ばれるもので、ショップから作家に声をかけて、イベントや個展を開催するタイプです。費用面では、作家が会場費用を負担することは少なくて、売り上げの一部(平均30〜40%)をマージンとして支払うのが一般的です。

企画展はショップ側の運営なので、作家が「やりたい」と思ってすぐにできるものでもありません。まずはその雑貨ショップとのパイプづくりから始めるために、お気に入りのショップを見つけたら、積極的に作品を持ち込んでみることをおすすめします。作品を置いてもらい、売れ行きの実績を積むことが先決です。

これまでに、個展などを開いた経験がある人は、作品と一緒に展示の様子がわかるものを持ち込みましょう。

なお、ショップに作品を置いてもらうには、売れなくてもショップ側で在庫を引き受ける〝買い取り〟と、売れた場合のみ契約金が発生する〝委託販売〟があります。

場所を提供するスペース貸し

雑貨ショップで個展などを開催するもうひとつの方法は、〝スペース貸し〟と呼ばれるもので、作家がショップの一部を借りて個展などを開催するタイプです。委託販売などの取引がなくても、ショップの雰囲気に合えば申し込むことができます。その場合、一律の会場費＋売り上げの一部（平均20〜30%）をマージンとして支払うことが一般的です。

その他、あまり多くはないですが、

ショップリサーチ

個展や企画展に積極的なショップを探して、その中から自分の作品にあいそうな候補を見つける。オーナーとの相性が大切。

持ち込み

まずは委託からはじまるケースが多い。作品ファイルとあわせて、過去の発表実績などもまとめておく。

打ち合わせ

展示が決まったら、お客さんのニーズをヒアリングして、作品展開に活かす。

point!

企画展の際に作品の公募を行うショップもあります。費用面では、一律の参加料金（数千円単位）＋売り上げの一部（平均20〜30％）を支払うなどのケースが見受けられます。雑貨ショップとのパイプをつくるきっかけになるので、見つけたらぜひ応募したいものです。

作品であり、商品になる

　雑貨ショップで個展を開くメリットは、訪れる客層がはっきりしていることです。自分の作品がショップのカラーに合っていれば、顧客をつかむ機会につながります。また、雑貨ショップには、買いものをするつもりで来ている人が多いので、作品の売れ行きにも期待が持てます。

　逆に言えば、作品を売る気持ちがある作家に個展をお願いしたいと、ショップ側も思っているはずです。せっかく開催をするからには、そのショップに合わせたコンセプトづくりから、楽しんでみてはいかがでしょうか。どんなアイテムが好まれるのか、オーナーやスタッフにヒアリングをして、自分の作品でどんな展開ができるのか、いろいろとチャレンジしてみましょう。新たな分野の発展につながるかもしれません。

　展示方法については、事前に打ち合わせをしてショップにお任せする場合と、自ら出向いて担当する場合があります。いずれにせよ、ショップ内には他の作品がたくさん並んでいるので、オリジナリティのあるディスプレイに仕上げなくてはなくては目に留めてもらえません。可能な範囲で布や什器や小物などを持ち込んで、作品をアピールするコーナーづくりを目指しましょう。

※費用など金額例は、都内を参考に目安として書いています。

告知する

ショップによっては、長い時間在廊するのが難しいことも。事前に在廊日・時間を決めて、DMやブログなどでお知らせすると、縁につながりやすい。

ディスプレイ

ショップ側に任せる場合と、自分で担当する場合がある。ショップにある他の作品と差別化がつくようなディスプレイに。

会期中

売れ行きによっては、追加納品に対応する。

Profile

1974年生まれ、東京在住。美術短大卒業後、フリーターをしながらデザインフェスタやグループ展に参加したり、雑貨ショップへ販売委託するなど、創作活動を続ける。2002～2006年にかけてフリーペーパー『RECIPE』を発行。2002年より中目黒のハンドメイド雑貨店『ハイジ』のスタッフに。

動き続けていれば結果がついてくる

オギハラナミ　[コラージュ作家]

『nami ogihara college works』

2008年5月3日（土）～11日（日）
東京・中目黒「ハイジ」にて

店いっぱいに雑貨が並ぶハイジ。入ってすぐ左の壁一面が、展示場所になる。
＊現在、ハイジは倍の広さの場所に移転。

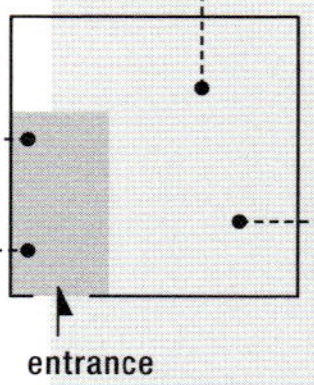

オギハラさんが普及を続けるマスキングテープ※。ハイジでもたくさんの品揃え。

ハイジで扱うのは布作品が中心。Tシャツ、バッグ、ポーチ、ポストカードが並ぶ。ところどころにマスキングテープを使って。

展示コーナーのすみっこに、ボードにはさんだ芳名帳を立てかけて。

※本来はペンキ塗りなどの際の養生を目的に、主に業務用として使われてきたもの。粘着力がありながらはがしやすい特性を持ち、その扱いやすさと見た目のかわいさから、文具好き、手づくり好きの間でブームになる。オギハラさんは、メーカーが雑貨として展開するにあたり、商品企画に携わった火付け役のひとり。

DATA

準備期間／約2ヶ月　会場予約／約5ヶ月前　DM／約2ヶ月前から準備、パソコンで原稿をつくり印刷所に依頼して500枚を作成。150枚を郵送し、残りはハイジをメインに、知り合いのショップに置かせてもらう。会場予算／売り上げの一部をお店に払う。搬入・搬出／搬入は前日の夜と当日の朝で、合計3時間程度。いっぺんに終わらせず、2回に分けてやると、頭が切り換えられて効率的。搬出は終了当日に30分程度。

壁面はゆれる感じのディスプレイ ▶ 壁から浮かせてつり下げたTシャツやバッグ、紙風船が、立体感をあたえるディスプレイに。店内の他のコーナーと違って見える。

見通しよく並べる ▶ 棚に並べるアイテムは数をおさえて、すっきりと手に取りやすく、見通しよく並べている。壁面に紙作品を立てかけてメリハリをプラス。

展示には自分のカラーを

ふだんは紙のコラージュ作品をつくるオギハラさんですが、ハイジでは布作品を展開しています。メインのTシャツは、紅茶染めをして袖や襟をカットした後、ハギレを縫いつけるという、コラージュ感覚のつくり方。それぞれの柄が活きるから、同じ仕上がりにはならないのが魅力です。「ハイジのようなお店にくるお客さんは、一点ものを求めていると思うんです」と、ニーズを考えながら制作しています。

ものが多い雑貨店で個展をするときは「自分のカラーをはっきり打ち出して展示をすることが大切。そうでないとお客さんに気づいてもらえないから」とオギハラさん。壁面に布をかけて他のスペースとの違いをつけつつ、紙風船を使ったディスプレイで世界観を出していました。

オギハラナミの ものづくりstory

紙が好き。手作業が好き。

高校時代からコラージュが大好きで、ノートに何かを貼りつけたり、そこにイラストをつけては楽しんでいたというオギハラさん。「あきもせずに、同じようなことをずっと続けているんです」と、社会人になってからの13年間をふり返ります。

短大ではデザインを勉強しましたが、就職の厳しい時代だったこともあり、卒業後はバイトをしながらものづくりをする道を選びました。当時はデザインフェスタが始まって、手づくり雑貨のショップも次々にオープンしていたころ。オギハラさんも、オリジナルのポストカードをつくってはショップに持ち込んだり、デザフェスなどで発表しながら「仕事につなげていけたら」と活動を続けたものの、手応えは得られません。「23才でひとり暮らしも始めたのでちゃんと自立したかったし、制作面でもあせりを感じるようになって。だから展覧会にはたくさん出かけて、いろんな作品を観ていました」

ハイジとの出会いから

そんな中、藤永妙子さん（現ハイジ店主）と知り合うことで、制作活動は広がりをみせていきます。

「藤永さんの個展を観にいった後に、ハイジをオープンするというDMをもらったんです。好きな感じのお店だったので、自分の作品を持ち込んで、置いてもらうようになりました」

その後、ハイジでの企画展や、個展のお誘いもかかるように。

「ポストカードしかつくってない私に個展だなんて、ハイジはいいお店だなあと思いましたよ（笑）」

ハイジの藤永さんはアイデアたっぷりの人。オギハラさんは、ハイジの企画展に参加するうちに、いろんなアイテムでものづくりをする楽しみを覚えるようになりました。

「アジア市に参加したときは、藤永さんがベトナムから仕入れてきた布や紙を作家さんに配って、それで何かをつくるという内容だったんです。私は紙でメモ帳をつくりました」

RECIPEのアナログ効果

卒業から7年が経ったころ、もっといろいろな人に作品を観てもらいたくて、「ひとつの号で一店舗を紹介するようなちっちゃい規模ならできるかも」と、フリーペーパー『RECIPE』をつくり始めました。

ハイジのアジア市で経験したメモ帳づくりがヒントになり、自分で撮った写真を切り貼りして文章をつけ、カラーコピーで仕上げるアナログなつくりに。「自己満足で続けら

1. アトリエの机まわり。目の前に立てかけたパンチングボードにはさまざまな紙が貼られている。　**2.** 活動を続けるうちにこれだけのマスキングテープが集まった。
3. メーカーの展示会を手伝った際にディスプレイとして使ったマスキングテープの裁断前のもの。　**4.** 3人で制作したマスキングテープのガイドブックは、手作業で綴じて発行した。現在は完売。

5. フリーペーパー『RECIPE』。てのひらサイズでコラージュ感覚を大切にしながら、ショップガイドのような誌面展開。

「好きなものをつくりながら、バイトで食べていけるならそれでいいかな……と」

れる範囲」が肝心と思い、部数は30～50部におさえ、カラーコピーのコストが３０００円以内ですむような、負担にならないラインで決めました。

第一号では友だちのカフェバーを取材。身内に配ってみたら評判がよかったので、知らないお店にも取材をお願いすることに。当時はあまり雑誌に載っていなかったカフェなどを探し出し、発行を続けました。

「取材したお店の人も、喜んでお店にＲＥＣＩＰＥを置いてくれました。そのころはもう、パソコンで何でもつくれる時代だったし、ホームページで個人のお店紹介もあったけれど、私のフリーペーパーは手作業で部数も限定されていたことが、かえっておもしろがられたように思います。やっているうちに『アナログ好きな人、紙好きな人っていっぱいいるんだな』というのを実感しました」

ＲＥＣＩＰＥの発行は、自分が知らないところで自分の作品が読まれていくという、今までにはない広がりに発展。なかでも、荻窪のひなぎくは熱心にＲＥＣＩＰＥを置き、経堂のロバロバカフェや大阪のおまめ部屋と共同開催する豆本展に、参加の声をかけてくれました。

ちょうどそのころ、ハイジでのアルバイトを始めることに。もともと楽観的で「バイトをしながらあきるまで、やりたいことを続けてみよう」と思っていたオギハラさんですが、ハイジで働くようになってからは、目の前で自分の作品が売れていく様子が見られるようになり、その喜びからますますものづくりへの気持ちをかためていきました。

マスキングテープにハマって

２００５年からは、豆本展をきっかけに縁がつながったロバロバカフェでも個展を開催するなど、コラージュ作家として活動を広げます。その追い風となったのが、マスキングテープ（以下ＭＴ）の存在。

ロバロバカフェで、店主のいのまたせいこさんがＭＴを使っているのを見て「かわいいな」と思っていたオギハラさん。店にきていたデザイナーの辻本歩さんも同じように思っていたことがわかり意気投合。「他の色もあるかも！」とふたりでジョイフル本田まで探しに出かけました。何色かを仕入れていのまたさんに見せたら「私も欲しい！」と大盛り上がりに。辻本さんを中心にＭＴの小冊子を作成したり、「工場見学に行こう」とメーカーに直談判して本来は非公開の工場を見学させてもらうなど、驚きの行動力を発揮します。

２００７年には『マスキングテー

プ展』を開催。その人気に気持ちを動かされたメーカーが、3人からの多色化の提案を受け入れ、商品企画も手伝うことになりました。

今ではすっかりブームになったMTの、いわば火付け役のひとりとなったオギハラさん。雑誌からも仕事の依頼がくるようになり、作品の売れ行きも安定し始めています。

「コラージュなんてお金にならないこと、何で続けているんだろうと思うこともあったけれど、たとえお金にならなくてもやめられないんですよね（笑）。ハイジと2足のわらじですが、これからはもっと作家活動に、力を入れていきたいです」

オギハラナミのあしあと

1995 短大卒業

デザインフェスタに出展

［以降、約5年にわたり出展を続ける。］

銀座の月光荘にて10人展に参加

［学校の仲間と一緒に開催。絵の具を使ったコラージュを発表した。以降、3人展、2人展と人数を減らして開催。］

1999 中目黒のハイジにて委託販売開始

［委託が始まって間もなく、企画展にも参加。］

2000 ハイジにて初の個展を開催

2002 フリーペーパー『RECIPE』を創刊

［以降、2006年まで発行を続ける。当初は取材先に置いてもらうフリーペーパーだったが、周囲からの声もあり個展開催時にバックナンバーを売ったことも。］

ハイジでのアルバイトを始める

2003 ハイジにて個展

［以降、ハイジにて定期的に個展を開催するようになる。］

吉祥寺のカフェ ROOM1022にて個展

2004 大阪のおまめ部屋、荻窪のひなぎく、経堂のロバロバカフェで共同開催の『豆本展』に参加

2005 ロバロバカフェにて個展『namiogihara collage exhibition』開催

［以降、ロバロバカフェにて年に一度の個展を定期開催をするようになる。］

2006 マスキングテープの小冊子『MaskingTape Guide Book』を発行

2007 ロバロバカフェを中心に『マスキングテープ展』開催

小冊子の第二弾として『Masking Tape picture Book』を発行

［全国のいくつかのお店を巡回する。］

2008 狛江の手づくり市『花市』に参加

Profile

ニイナサワコ／1982年生まれ。東京学芸大学教育学部でグラフィックデザインを専攻し、絵本の研究をしながら創作を始める。2003年に小箱本ユニット“door220”を結成。その後は大学院に進み、2007年の卒院後はイラストレーターに。ソロで展開する“niina”を立ち上げて、多方面に活動している。

展示をするたびステップアップできる

niina　[小箱本作家・イラストレーター]

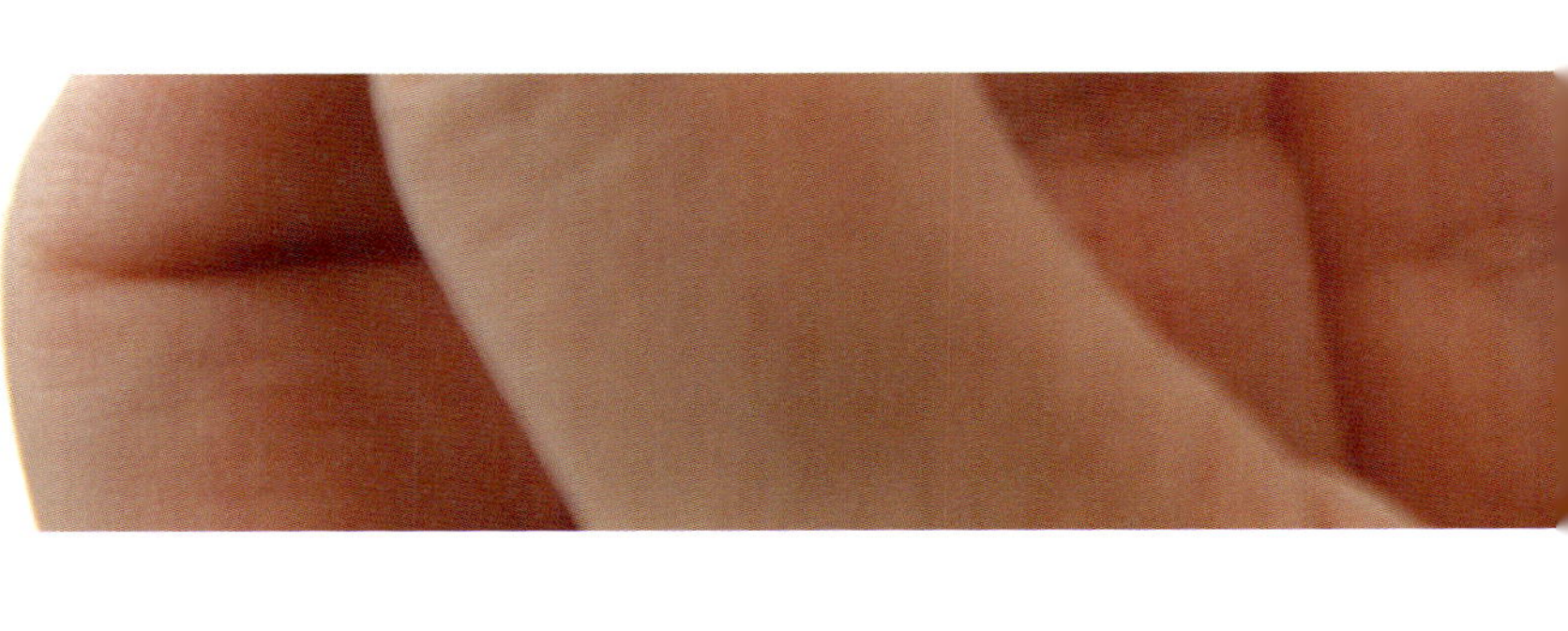

『イロドリノホトリ』

2008年7月1日(火)～13日(日)
東京・高円寺「ninni」にて

窓際の古いミシン台の上が展示コーナー。今回の個展用のメイン作品、アルファベットごとに物語をつくった『イロドリノホトリ』シリーズをずらりと並べて。

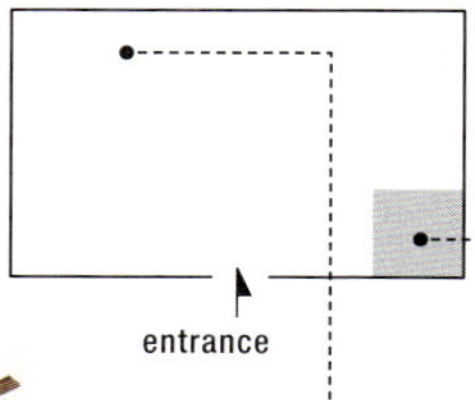

会場になったninniは、ふたりのオーナーが共同運営するお店。入って右が雑貨、左が洋服のセレクトに分かれている。

DATA

準備期間／約2ヶ月　会場予約／約4ヶ月前　DM／約1ヶ月前から準備。ninni店頭、顧客、知人への発送。会場予算／売り上げの一部をお店に払う。搬入・展示／搬入は3日前までに発送で対応。展示については打ち合わせをしてショップオーナーにお任せしたディスプレイを、初日のスタート時に自分で調整。在廊／数日。価格帯／小箱本630円、レターセット680円など。

展示用に手づくり ▶ 物語に登場する動物たちの人形を手づくりして、展示のアクセントに。作品の世界観が広がる。

オリジナルアイテム ▶ 雑貨ショップのお客さんの層を考えて、オリジナルイラストのレターセットを作成した。

作品は実際に触れてもらうように ▶
「物語の空気がつめこまれた本」をテーマに考えついた小箱本。世代や年齢を問わずに愛される普遍的な魅力がある。「この形だと、ふだんは本を読まない人にも手にとってもらえるんです」

雑貨ショップならではの品揃えに

　デザインフェスタに出展したり、グループ展や企画展にも参加してきたニイナさん。大学院を出て、小箱本の制作を続ける決意をかためてからは、もっと活動の幅を広げたくて、雑貨ショップをたずね始めました。お店のセンスにひかれてｎｉｎｎｉに作品を持ち込んだところ、置いてもらえることになり、個展のお話しにもつながりました。

「雑貨ショップはそのお店のカラーがあるので、展示する作品が選びやすいんです。汐留のアートマーケットなどは、会社勤めの人がのぞきにくることもあって客層もばらばらなんですね。でも、今回はお客さんの傾向を考えて、作品づくりができました。レターセットをつくってみたんですが、オーナーさんにも好評でうれしかったです」

「手のひらに入るものって
みんながそっと大事にしてくれるんです」

研究を重ねて形になっていく

そのインクのにじみ具合が、まるで手描きで仕上げたような小箱本。実際はプリンターからの印刷ですが、味のある風合いが出したくていろいろな用紙を試した結果、この紙にたどり着いたとニイナさんは言います。

大学では絵本の研究をしていました。ものづくりにしても、展示の仕方にしても、ひとつひとつを吟味しながら、一回ごとに何かをつかんでは次のステップに進んでいくニイナさんの姿勢に、「研究」というフレーズがしっくりと感じられます。

小箱本がうまれたのも、研究の成果。どうしたら思わず手にとりたくなるような絵本になるだろうかと、いろんな形や素材で製本を試していくうちに思いつきました。

「箱には空気が入りますよね。物語を空気ごと、とじこめるようなイメージで、箱入りにしてみたんです」

２００３年には友人と小箱本ユニットｄｏｏｒ２２０を立ち上げ、２年間の試行錯誤を経て、自分たちのスタイルを確立。デザインフェスタに出展したものの、最初は展示が上手くできず「人に目をとめてもらえるようなポイントがつくれなかった」と反省しました。

そこで次回は器を用意し、ひとつひとつの小箱をその器の上に並べて展示したところ、大盛況に。

1. ニイナさんのアトリエには、パソコン用を含めて４台の机がある。小箱本の製本は、ひとつひとつ手作業で。 **2.** 机の一角。棚の上にはお気に入りのキャンドルなどを並べて。 **3.** 小箱本がちょうどよく収まるケースは、市販品から見つけたもの。

「これはお菓子なのか、なんなのかと、すごくたくさんの人がよってきて、二日間で出す予定の１００個が、一日で売れてしまったんです」

　最近では二日間で２００個以上を売り上げるまでに。展示をして、お客さんの反応を見ることが何よりの参考になると、ニイナさんはこんな例を話してくれました。

「なかなか売れない小箱本があって、お客さんを見ていると、箱を開けたらすぐに終わっちゃうのが物足りない様子でした。物語が長ければよいわけでもないので、文章はいじらずに、レイアウトを変えてみたんです。余白を増やして間を長くとったら、余白の空気感が伝わったのか、いっきに売れ筋になりました」

　大学院を出た後、まずは一年間を〝お試し期間〟として、創作活動とフリーのデザイナーの両立を試みたニイナさん。これなら大丈夫そうと実感をつかみ、この春からは正式に、自分の選んだ道を歩き始めています。

niinaのあしあと

2000 アート団体blue areaで活動

［高校3年の文化祭でアートパフォーマンス・アートショップを企画、実行し、盛況に終えたことをきっかけに、展示やショップ経営に興味を持つ。］

2001 美術系大学に入学、デザインを学ぶ

［授業の中から絵本への興味を深め、徐々に創作に力を入れるようになり、後に小箱本のスタイルを確立。］

2002 大学同期展『01展』第1回展に参加

デザインフェスタに出展

［ポストカードやシールなどの作品で参加。］

2003 吉祥寺のにじ画廊にて、Design zakka Labo polkadot『秋のおでかけバッグ展』に参加

［大学の先生の主催で、有志の学生が参加した企画展。展示の決め方や、最終的なフィニッシュワークを先生から学ぶ絶好の機会となる。］

door220結成

［高校時代からの友人であるサキと一緒に小箱本ユニットを始動する。］

2004 大学構内のギャラリーにてtriplex gallery個展『未来地図』を開催

2005 大学大学院に入学、絵本を研究する

11月のデザインフェスタに『door220』で出展

［ニイナが絵を、サキが文章を担当するように作業を分担し、作品のクオリティを高めていく。］

2006 5月のデザインフェスタに『door220』で出展

［展示の方法を変えたところ大盛況となる。会場を訪れていた汐留アートイベントのプロデューサーに声をかけていただき、同イベントへの出展が決まる。］

Tokyo Art汐留派として行われる汐留のアートイベントに『door220』で出展

2007 大学院修了

吉祥寺のにじ画廊にて個展『雨音をつむぐ』を開催

GO! SHIODOME Xmas '07にてクリスマスデコレーション（壁画）を担当

2008 リビングデザインセンターOZONEにて『カワイイ・zakka・マーケット』に出展

名古屋クリエイターズマーケットに出展

新宿galleryユイットにて『door220』として個展を開催

発表会で見つけた
ワンポイントアイデア集

展示中にも、空いた時間に手を動かしている作家さんは多い。お客さんの興味を引いて、会話につながるような、思わぬデモンストレーション効果も（手創り市 rei☆komurasaki さんより）。

自分の部屋からお気に入りのグッズを持ち出し、ディスプレイのワンポイントに加えても。遊びゴコロが感じられるような、グッと自分らしい仕上がりに（オギハラナミさんより）。

展示を観たお客さんが持ち帰れるような、名刺代わりの何かを用意したい。URLだけを記した小さなカードは気軽に作れるし、ホームページへのアクセスにつながるから効率的（niinaさんより）。

展示をした際の写真、DMやリーフレットは、資料としてファイリングすると、持ち込みの機会などに活躍。簡単な方法でいいから溜め込まないことが肝心（きむらかよさんより）。

レジまわりにもひと工夫を。味のある小引き出しをレジ代わりにしていたのは、イベントの雰囲気にもぴったり。メンバーのひとりが準備したもの（etcetraより）。

作品につけるタグを考えるのも楽しい。ポストカードのように写真を使ったり、マスキングテープをコラージュしてひとつずつ違う仕上がりに（オギハラナミさんより）。

アクセサリーを入れる小さな包みは、ラッピング感覚で。シンプルな茶色の袋に、ひとつひとつ、レースペーパーをつけて手づくりをプラス（デザインフェスタ blossom より）。

イベントではスタッフが名札をつけると、お客さんも声がかけやすくなる。自作のパンをネックレス代わりにしていたのは、インパクトがあっておもしろい！（homegirlのカナパンさんより）。

ギャラリートピック ④

かわいい雑貨にかこまれて

dupon35 ロフトギャラリー

世界中から集めた雑貨が並ぶ、センスあふれるセレクトショップ。そのロフトの一角が、自分の個展会場になるという幸せ。「どなたでもどうぞ」と無料で場所を差し出している。ワークショップなどにも別途応相談。／富山・千石町
http://www.cdcstores.com/dupon35/

1 2 3 4 5

箱をかりて

ギャラリーで開くポイント

箱をかりてプロデュース

発表することに少し自信がついてきたら、自分でプロデュースをするような個展のスタイルを目指してみませんか？

作品の展示だけでなく、別の作家とコラボレーションをしたり、ワークショップやライブを開いたり、プラスアルファを盛り込んだイベント性のある発表会が増えています。訪れる人をより楽しませるだけでなく、お客さんとのやりとりの機会が増えて、作家同士の横のつながりもできるなど、新たな縁が広がります。

まずは会場選びから、自分なりのメッセージを発信したいもの。貸し出しをしているさまざまなスペースに目を向けてみると、発想がふくらむかもしれません。

古民家で建物自体がおもしろい、緑にかこまれて気持ちのいい環境にある、近くにおいしいカフェや品揃えのいい雑貨店があって寄り道が楽しめる――。手づくりの作品に興味を持つ人たちが好みそうな会場を検討してみましょう。

余裕を持って計画的に

同時に、どんなことをやりたいのか、具体的な企画を考えていきます。

たとえば、ライブを開く場合には大きな音が出せる会場でなくてはいけませんし、ものづくりのワークショップをするなら作業台や椅子が必要です。コラボレートする作家の作品によっては、いつもの自分の個展とは違う什器や展示の準備が必要かもしれません。企画内容と会場の条件をすり合わせながら、全体の構成をかためていきましょう。初めからいくつもの企画を手がけるのは無理があるので、身近な内容からひと

場所を決める

自由度が高くて、イメージに合う空間を探す。都心にこだわらなくても、建物の良さや周辺環境などの付加価値、企画力があれば大丈夫。

企画する

ワークショップ、コラボレーション、ライブなどのプラスアルファを考える。フードやドリンクもぜひ盛り込みたい。協力者を探す。

協力者に依頼

信頼できる相手を選ぶ。
予算などの条件は明確に。
あくまでも協力者なので
相手の利益を考える。

point!

つずつ挑戦するようにします。

　企画を盛り込んだら、人を集めるために告知をするのが基本です。DMは、枚数が少ない場合には自宅のパソコン&プリンターでつくる人も多いようですが、協力者の方々に配布してもらえるなど枚数が増える場合、印刷に頼むのがだんぜん効率的。

　たとえば、100枚で7000円の料金体勢の某印刷所では、250枚で7300円、500枚で8000円と、枚数が増えても金額に大差は出ません。印刷期間が短いほど予算が高くなる傾向なので、コストを下げたい人は早めにオーダーを。デザインにもよりますが、3ヶ月ぐらい前から着手して、2ヶ月前には印刷を頼み、1ヶ月前をめどに発送を始めると余裕を持って進められます。

　そのためには、個展開催の3ヶ月前までに企画内容が決定していると、DMに告知が載せられる段取りになります。

客観的な視点を持ちながら

　ワークショップやライブなど、参加者の募集があるときには、事前予約制にすると人数がよめて本番がスムーズになります。予約で人が集まるかどうか心配なら、当日枠も設けておきながら、予約分にだけ特典を付ける方法がおすすめです。

　ブログやホームページを持っていると、事前のお知らせができるうえに、個展に来てくれた人がブログを訪れるなど後々の広がりにも効果があります。しかし、情報の出しすぎにも気をつかいたいものです。出品する作品を載せると、それを目がけて来てくださる方もいる反面、会場で初めて目にするときの新鮮さが薄れてしまう可能性もあります。

告知する

DMは協力者の方々も配布してくれることを計算にいれて数を用意する。

予約をとる

ワークショップやライブを開催する場合は事前予約制が把握しやすい。

当日

規模に合わせてお手伝いスタッフを手配し、自分はコミュニケーションにまわれるように。

Profile

1978年、東京都下に生まれ、今も在住。女子美術大学芸術学部で洋画を専攻。卒業後、すべて1点物の、手縫いの人形をつくり始める。現在は、本や雑誌、ギャラリーやショップでの作品展を中心に活動中。2004年に仲間と『はなうたサーカス』を結成し、イベントなどでの演奏会も行っている。

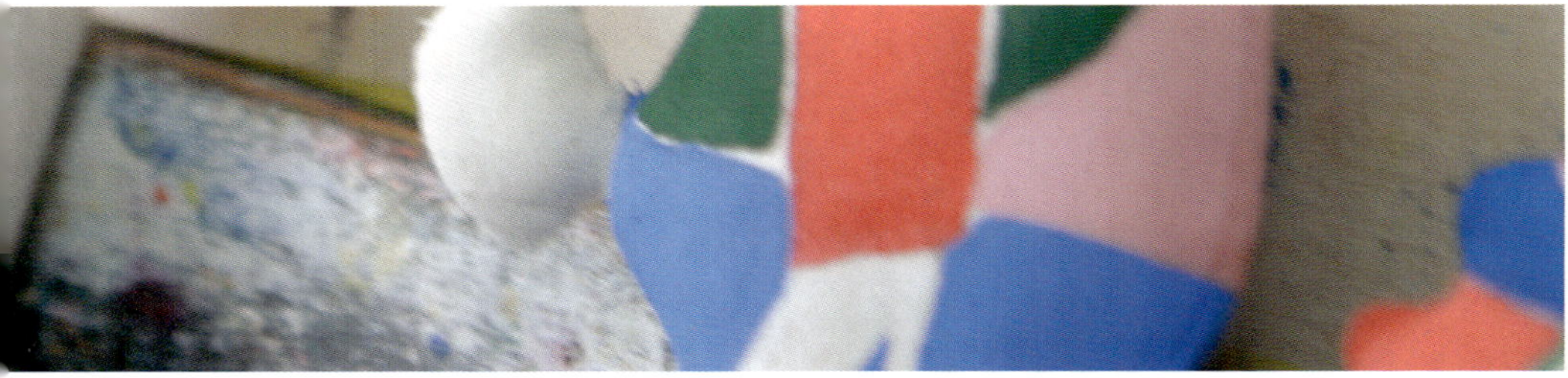

営業が苦手だから、個展を開く

イシイリョウコ　[人形作家]

『夏時間の肖像画《ポートレート》』

2007年8月25日（土）～9月2日（日）
東京・町田「FreeStudio PARIO」にて

[スペシャルライブ] 9月1日（土）出演：はなうたサーカス、tico moon・前売2,000円（ドリンク＋おやつ＋イシイリョウコ限定おまけ付き）、当日2,300円（おやつ、おまけは付きません）　**[ワークショップ]** 9月2日（日）「小さな指人形をつくろう」ドリンク＋macinapepeのおやつ付き・3,500円　**[コラボレーション]** 田中藍（刺繍）、劔持紀幸（映像）、macinapepe（おやつ）、sweet deli tisket-tasket（おやつ）　**[協力]** アヤマフミヨ（イベント・おやつ）、リカ（DMモデル）、森あや（DMデザイン）

立体的なディスプレイになるように、カゴや小さな棚などを使ったり、壁面に立てかけながら、メリハリをつけている。作品の雰囲気にあった布づかいもポイント。

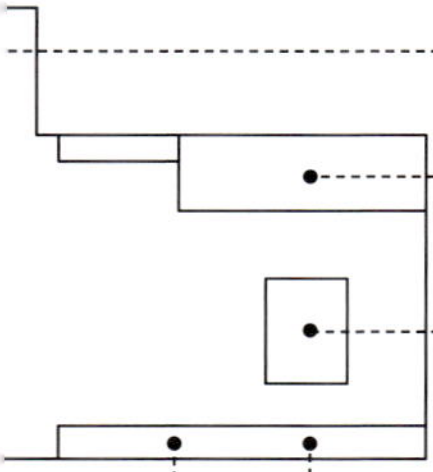

ダイニングテーブルのような什器には、作品を器にのせたり、ランチョンマットのようなレースを敷きながら。引き出しの中にも作品をしのばせて。

ピクチャーレールに吊した壁面のディスプレイ。立体作品でも違和感なく飾れるように、木製の棚台を使っている。

会場の丸窓を活かしたディスプレイ。光のあたる様子が作品を引き立てる。

訪れる人の目を楽しませるために、AからZまでのアルファベットをモチーフに描いた作品も展示。

芳名帳を置いているテーブルに、作品やカードを飾って。

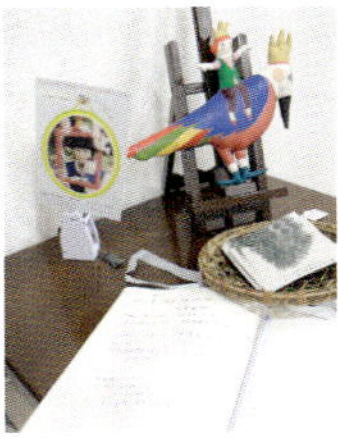

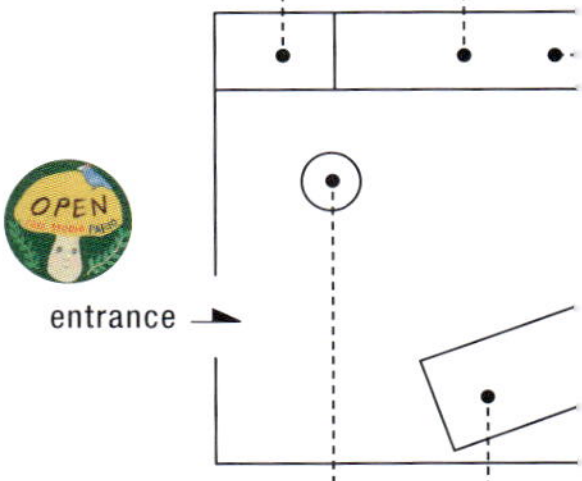

“身につけるシリーズ”の作品は、手にとって遊んでもらえるように。

左が“身につけるシリーズ”の作品で、洋裁用のボディにディスプレイ。右はイシイさんのお父さまが木材で制作したお城とアーチに、イシイさんが絵をほどこしたもの。お子さんが遊べるように。

DATA

準備期間／本腰を入れはじめてから約2ヶ月半　会場予約／約1年前　DM／2ヶ月前から準備、1,000枚作成。デザイナーに発注して印刷　会場予算／場所代　その他の予算／おもにコラボレーションの方々へのお支払い　在廊日／ほとんど毎日　搬出・搬入について／広い会場なので、搬入に2日間かかる。搬出は約1日。その後、購入していただいた作品の発送に1週間ほどを費やした。

コラボレーションのクッキーその1▶ イシイさんの作品の雰囲気にぴったりなクッキーは、はなうたサーカスのメンバーでもあるアマヤフミヨの作。

個展は休暇のように楽しい

３ヶ月に1度のペースで展示をしているイシイリョウコさん。なかでもいちばん大規模なものが、年に一回、町田でひらく個展です。約25坪の広いスペースをどんな空間にするかアイデアをひねります。

「物足りないと思われるのが嫌なんです。毎回観にきてくださる方も多いので、新しい作品をたくさん用意したいから、個展前になると家にこもってひたすら制作を続けます」

今回の個展では、イシイさんもメンバーの一員である『はなうたサーカス』の演奏会があったり、お客さんと一緒に指人形をつくるワークショップも開催されました。

また、イシイさんの作品をモチーフにしたコラボレーション企画を展開。会場内のスクリーンには劔持さんによる映像作品を映し出したり、

布製の額縁をつけて ▶『夏時間の肖像画』にあわせて描いた絵画作品。オリジナルの布製額縁をつけて特別な存在に。

コラボレーションのクッキーその2 ▶ こちらのクッキーはmacinapepeの作。

その名もくまずきん！ ▶ 今回の新作でイシイさんがいちばん気に入っているもの。作品にはそれぞれ名前がついている。

作品にバリエーションを ▶ マトリョーシカの木型に絵をつけた。イシイさんが大好きなモチーフ、キノコを持たせて。

子どもにも安心な材料でつくられた刺繍の人形や、さまざまなお菓子も並んで、実に盛りだくさん。

「個展が近づくと、大きなモノに追われる悪夢を見るんです。つくっても、つくっても、足りないような気がして……。それでも個展が大好きなんです」

ひとつの発表が終わっても、また次が控えているから、今のイシイさんはつねに制作に追われている状態。

「個展中はほぼ会場にいるので、作品づくりはお休みです。私にとって、休暇はこの期間だけだから、見にきてくださった方とのおしゃべりがほんとうに楽しくて」

つくらなくちゃ！の呪縛からしばし開放されて、お客さんとの会話に花を咲かせるイシイさん。その中から、次につながるアイデアや縁も広がっていきます。

WORK SHOP

カモーン！

イシイリョウコの作品づくりを体験できる
ワークショップ「ちいさな指人形をつくろう」を開催。
おやつなどをいただきながらのなごんだ雰囲気のなか
参加者12名がチャレンジしました！

1. 2. ワークショップの時間内は、一時会場をクローズに。午後1時から夕方5時までの約4時間、みんなでわいわいと集中。この日は男性も1名参加した。
3. macinapepeによる焼き菓子とドリンクつき。

イシイリョウコの人形つくり

1. 配られた資料をもとに、布にえんぴつでラインを描く。

→

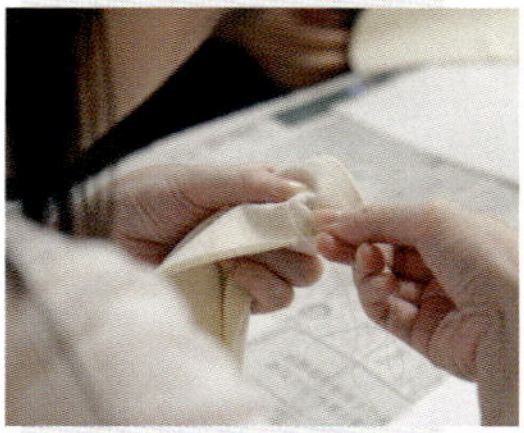

2. ラインどおりに返し縫いをしてから、まわりをハサミでカットする。

↙

3. 縫い終わった布をひっくり返し、軽く綿をつめて、色をつける。

→

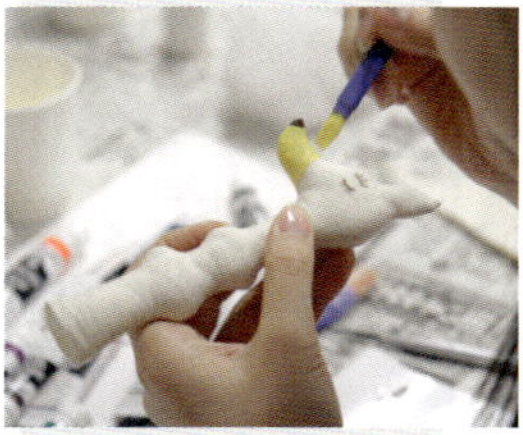

4. 色つけはぶっつけ本番なので、みな慎重に。

→

カンセイ！

5. 乾かして完成！意外に簡単で、絵心さえあれば家でもつくれそう!?

イシイリョウコのものづくりstory

就職活動をしながらの決意

　将来の自分が何をしたいのか。誰にでも、どこかで考えるタイミングがやってきます。

　人形作家として、着実に活動を続けているイシイリョウコさんにも、そんな時期がありました。美術大学で油絵を専攻していた4年生のとき、周囲と同じように就職活動をしたものの、2社だけ受けて内定はなし。

「自分でも、面接を受けながら〝向かないな〟と思ったんです。キャラクター関連の企業でしたが『あなたの作品はいいけれど、うちの会社ではつくれないよ』と言われて」

　それじゃあ意味がない！　イシイさんはきっぱりと思いました。本当はやりたいことがあるのに、別のことでがんばるなんてきっとできないから。当時はまだ人形づくりも始めていなくて、何で食べていけるのかなんて見当もつきませんでしたが、「会社に入らなくてよかったと思えるようになろう」とだけは、強く心に決めたと言います。

「先のことは深く考えていませんでした。ただ、在学中から友だちと一緒にデザインフェスタに出展していたんです。次のデザフェスにも出たかったし、卒業制作展で声をかけていただいたギャラリーでの個展も決まっていたし、考える余裕もなく準備に追われていました」

思いつきから生まれた人形作品

　そんなある日のこと。イシイさんのお母さまがミシンを買いました。家庭科は大の苦手で、縫い物には縁がなかったイシイさんですが、「せっかくだから」と、思いつきで人形をつくってみることに。

「最初は家にあった帆布を使って、ミシンでダーーーッと直線縫いです。縫った後に、なかなか布が裏返せなくて、『何でこんなにたいへんなんだろう？　……あ、布が厚いからだ』とやりながら気づくレベルでした（笑）。でも、絵の具で色をつけたら、けっこうおもしろく仕上がって」

　フリーハンドで縫ったラフなラインの物体に、寓話のような世界観を持つイラストが思わぬ相乗効果をもたらし、不思議な雰囲気に。こうして誕生したイシイリョウコの人形第一号は、友だちやギャラリーの人の「おもしろい」の言葉に後押しされて個展に並ぶようになり、今や作品の中心となったのです。

　人形は、ひとつひとつ手縫いをして、手描きする。同じものは二度とつくらない。どんなに忙しくなったとしても、この主義は「ずっと変えない」と断言します。そういうとき

SUSAN CIANCIOLO

1. 2. 実家にある自分の部屋をアトリエにして、作品づくりに集中している。部屋のそこかしこに作品があり、まさに職住一体の暮らし。　**3. 4.**「出かけるたびに、作品用の材料や、個展のディスプレイに使えそうな布などを探してしまう」とイシイさん。部屋にはそのストックがいっぱい。　**5.** 人形づくりを始めて最初の20体ほどはミシンで縫っていたが、ふと「ミシンで縫うより手縫いの方が細かいところがつくりやすい」と気づいてからは、ずっと手縫い。作品づくりでたいへんなのは、縫った布をひっくり返すとき。きのこの上に女の子が座っている……のような複雑なラインを起こしてしまうとなかなか返せなくて、そんなラインを起こした自分をちょっぴり後悔する。

「向いてないことに無理はできないけれど、好きなことならいくらでもがんばれる」

のイシイさんの表情には、根っからのアーティストらしき力強い一面が垣間見えるものの、すぐにいつもの好奇心いっぱいの笑顔にやわらいで、「自分の枠にとらわれず、新しいことに挑戦したいから、違ったジャンルの仲間に声をかけて、いろいろなことを企画するのも楽しいんです」と話します。

作品である人形は自分でつくらなくては意味がないけれど、別の部分では仲間と組むことで、可能性を広げたいから。個展のときには友人に企画の手伝いをお願いしたり、積極的にコラボレーションを展開しています。

個展が唯一の売り込み活動

斬新な人形をつくるイシイさんですが、本人はいたって常識的なタイプ。人あたりがよくて、サービス精神の旺盛さがにじみ出ています。しかし、意外にも営業は大の苦手。

「持ち込みは、ぜんぜんしたことがないんです。小心者なので、何を言われるのかと思うと怖くて（笑）」

だからこそ、個展やイベントでの展示を続けることが唯一の売り込み活動になるのだと続けます。

「始めの頃は個展会場で話しかけられても『は、はい……』みたいな感じでしたが、わざわざ観にきてくれる人には、怖い人はいないんですよね（笑）。次第に慣れて、お客さんとお話しすることも、展示の楽しみであり、目的になっています」

２００３年、デザフェスで知り合った編集者に誘われて参加したイベントが、ひとつの転機に。ゲストのデザイナーが人形を購入し、それをきっかけに、ある雑誌で作品を紹介してもらえたことで、展示のお誘いや、他の雑誌に載る機会も増えました。クリエイター向け雑誌に次の個展の告知が載ったときには、たくさんの人の来場につながりました。

「それまで、個展にきてくれるのは、友だちや知り合いの方ばかりでした。その頃、『私のひそかな野望は個展初日に人が並ぶことなんだよね』と冗談まじりに話していたんですよ。絶対ムリだよね、なんて笑っていたけれど、告知が出た個展のときに初めて、入り口の前でオープンを待ってくださる方がいて……。すっごく、うれしかったです」

卒業して3年がすぎる頃には、作家としての生活も成り立つようになりました。組織に入るとか、営業をするとか、自分には向かないことがあったとしても、その分、作品をつくり続ける努力をしたり、発表する行動力を持つことで、挽回してきたイシイさん。好きなことなら、いくらでもがんばれるのです。

「将来のことは今でもわかりませんが、会社に入らなくてよかったとは思えるようになったから、学生時代の誓いはかなっているのかな」

町田の個展の最終日には、初日に作品を購入したカップルが再び来場し、展示の役目を終えたその作品を大切に連れて帰りました。イシイさんが幸せを感じるのはそんな瞬間。自分の作品を、自分で持っていてもただの自己満足だけど、誰かに持ってもらえてこそ意味がある。ものづくりの先に存在するつながりを噛みしめるような笑顔が印象的でした。

これが記念すべき人形作品の第一号。アトリエで大切に保管。

イシイリョウコのあしあと

2000 デザインフェスタに参加

［これ以降、数年にわたって6回ほど参加を続け、ギャラリー・ショップ関係者、マスコミなど、さまざまな出会いを得る。］

2001 大学を卒業

Gallery 2＋にて、初の個展を開催。初めて人形を発表する

2003 某イベントに参加

［ゲストのデザイナーに人形が気に入られ、雑誌に掲載される。京都のGallery Antenna、雑誌『みづゑ』主催アートフリマ、京都の恵文社一乗寺店にて作品フェア他、イベントへのお誘いや雑誌掲載が増える。］

2004 Gallery 2＋の個展にて、はなうたサーカスが初演奏

［雑誌の告知効果で、オープン前に人が並ぶ経験をする。］

大阪の雑貨店カナリヤにて作品展

目白のCOCOdeCOにて「くりくり展」に参加

［初のワークショップを開催。］

香港のイベント「Oni @ Harbour City」に参加

［パリ、ロンドン、香港、トウキョウの四人の女性イラストレーターによる展示・グッズ販売企画に、日本人として選ばれる。］

2005 金沢のRallyeにて個展

高円寺のtoo-tickiにて個展

葉山のhacoにて個展とワークショップを開催

2006 吉祥寺のにじ画廊にて個展

［はなうたサーカス＋Quinka, with a Yawnが演奏会を開く。映像、刺繍などのクリエーターとのコラボにも初挑戦。］

町田のフリースタジオ・パリオにて個展

神戸のhugにて個展

2007 アフタヌーンティー・ティールーム銀座本店にて作品展

神奈川県の藤野にて個展

［文化財に指定された祖父宅にて、築300年を記念して開催。石井家特製手打ちうどんも登場した。］

Profile

山中とみこ／1954年生まれ。専業主婦、建築関係の会社での企画職、古道具とカフェの店のオーナー、小学校の特殊学級の補助教員などを経て、オリジナルの洋服やバッグなどを扱う布作家に。2003年に『CHICU＋CHICU 5/31』を立ち上げ、数々の企画展のプロデュースを手がける。

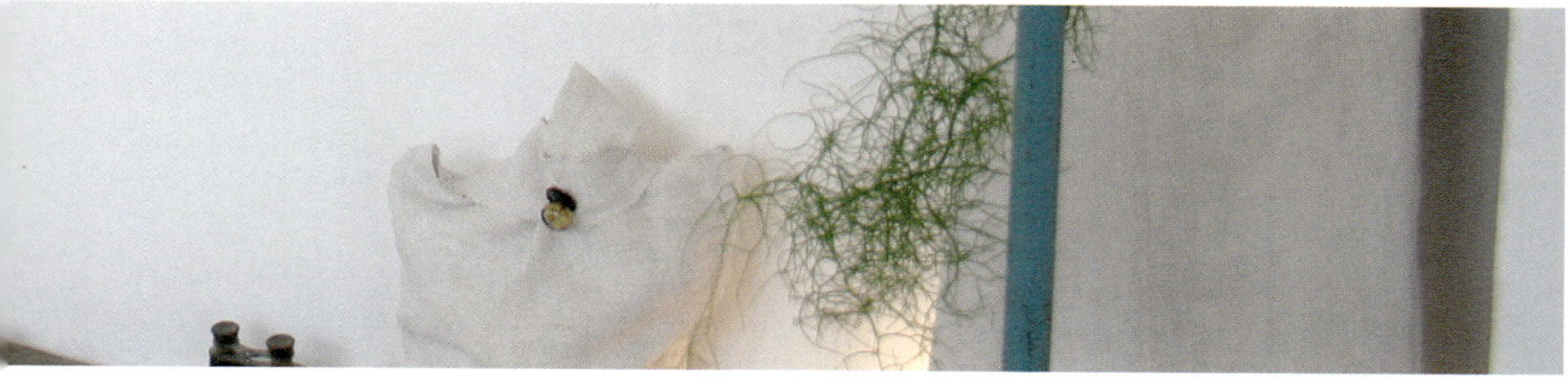

50代、今だから実現できた

CHICU+CHICU 5/31 ［布作家］

『図画・工作の時間』

2007年11月27日（火）～12月2日（日）
埼玉・「yuzuri（旧Lamp）」にて

［コラボレーション］日替わりおいしい便スタッフ：夕焼けこやけ（玄米ワッフル）、麻こころ茶屋（お弁当他）、cimai（パン）、Cu・Ra・Su Cafe（パン）、手づくりや（パン）、熊猫印（カレー）、YAMA COFFEE（コーヒー）　**［レセプション］**11月27日14：30～　ケータリング／Cu・Ra・Su・Cafe

入り口のテーブルに、他のショップやイベントのDMなどを並べて。

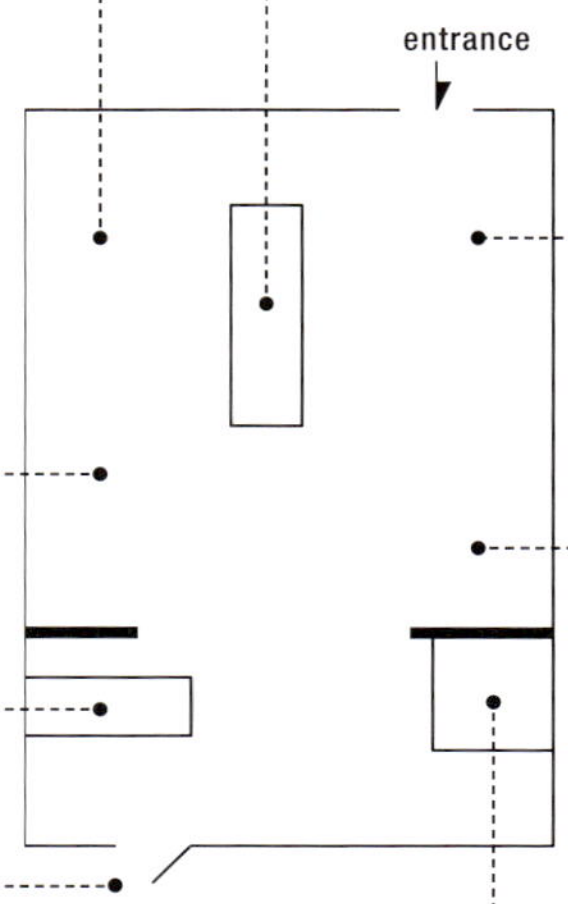

西側は“展示用”の売らないものたちを並べるコーナー。壁には、古い紙、錆びた金具など、山中さんが好きなジャンクな素材をコラージュした作品が。

初日の日替わりおいしい便、玄米ワッフル。布とキャニスターは、夕焼けこやけさんが準備をした。

特別な素材でつくられた展示用作品。ベストはトラックの幌が、パンツは古いリネンが材料になっている。

山中さんがデザインし、オーダーをかけたガーゼの裂き編みマフラー。ざっくりとした風合いで、会場に彩りをそえている。

窓辺に並ぶのは、山中さんが考えて、仙台のivory timeの方に制作をお願いしたキャンドルでのアート作品。

もうひとつの日替わりおいしい便は、YAMA COFFEEさんの出張喫茶。コーヒー豆も販売する。

東側は"購入できる作品"を並べたコーナー。壁にかける、古い板を置いて並べる、ラックにかけるなど、メリハリのあるディスプレイ。壁の帽子も、今回の個展のタイミングで制作してくれる方が現れた。山中さんが素材を担当。

yuzuriには中庭があり、ベンチを置いて休憩できるように。「ご自由にどうぞ」と書いてみかんが置いてあった。

DATA

準備期間／約半年　会場予約／約半年前　DM／3ヶ月前に準備、約1,000枚を印刷。なじみのショップに置いてもらう、コラボレーションの方々に配ってもらう。他、150枚ほどは自分の顧客に郵送。在廊日／全日　搬入／前日までの2日間をかけて、搬入とディスプレイをすませた　価格帯／食べ物や小物、古道具などは数百円から。作品は6,000～20,000円ぐらいが中心で、購入後はすぐに持ち帰り可能。

場所選びから自分らしい空間にこだわる▶ 個展会場となったのは、以前Lampという名でセレクトショップを開いていた場所。しばらくお休みした後、yuzuriという名でショップ＆ギャラリーとしてオープン。山中さんの個展が、改装を終えたばかりのyuzuriの初めての催しとなった。埼玉の久喜駅からタクシーで10分など不便な場所でも、主催者に実力があれば人は集まる。

訪れる人の居心地を考えながら

CHICU＋CHICU 5／31として数々の企画展などをプロデュースしている山中とみこさんが、洋服づくりを始めてから10年目にして初の個展を開催。

「私がものづくりをするのは、『図画・工作』の感覚。そのままをタイトルにつけました」

企画展をする際に心してきたのは「自分がお客さんだったら」という視点。わざわざきてもらうからには、くつろげる空間にしたい。それは個展においても同じこと。これまでの経験を活かして構想を立てました。

「初日には、全体の約7割の人出が集中するんです」と山中さん。展覧会では、売れた作品を後から発送するケースが多いですが、お客さんにしてみればすぐに持ち帰りたい気持ちがあるはず。かといって、初日に

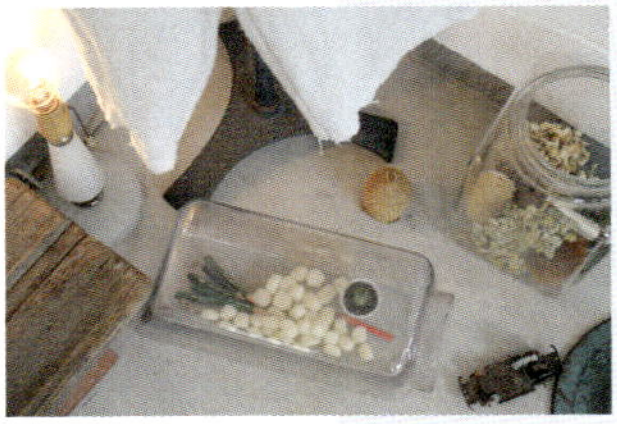

イメージをあたえるように ▶ 会場内にはところどころに私物を使ったディスプレイがほどこされ、山中さんの"好き"がしっかりと伝わってくる。

什器やハンガーにも古いもの ▶ 古道具の錆びたラックに、不揃いなハンガー。アバウトな感じが、作品のらしさをひきたてる。

おたのしみにジャンクなもの ▶ 個展用に仕入れたジャンクな雑貨がお手頃プライスで並ぶ。「きてくれたみなさんへのサービスの気持ち」。

作品が売れて少なくなると、2日目以降に観るものがなくなってしまう。そこで、作品は〝購入できるもの〟と〝展示用〟のふた通りを用意。作品が売れたとしても、展示用を観ていただけるように配慮しました。

また、料理やコーヒー、パンづくりのプロに日替わりで出張を依頼。

「空いた場所に椅子を置けば、カフェのようにくつろいでもらえるから。訪れる人がなるべくその場にいられるようにして〝好き〟を共有する時間を持ちたいんです」

個展の初日。オープンすると次々に人が入ってきて、小さな白い箱の中は5分もたたないうちにいっぱいになりました。作品を観たり、買いものを終えると、中庭に出てひと休み。すぐに帰る人の姿はほとんどなく、みなそれぞれの会話を楽しみながら、この空間に居続けていました。

Collaboration

おいし～

日替わりおいしい便

1. 玄米ワッフル／ふだんは自転車に木箱をのせて、吉祥寺の街で移動販売をしている夕焼けこやけさん。この日、1時間足らずで100個を売り切った。「夕方までここに立って、買えないお客さんにゴメンナサイをしようかなって思います」と心のこもった対応が印象的。

2. コーヒー／「今日は山中さんの好みにあわせて、いつもの私のコーヒーより、苦みを強く煎っています」というYAMA COFFEEさん。自分の地元の埼玉で出張喫茶をするのは、今回が初めて。縁とつながりを楽しみながら丁寧に淹れたコーヒーの香りが、会場を温かく包み込んでいた。

レセプション

ケータリングを担当したのは、Cu・Ra・Su・Cafeさん。さまざまな年代が集い、おいしい料理をゆるやかに味わって。みな興味が近いせいか、あちこちで会話がはずむ。

CHICU+CHICU 5/31の ものづくりstory

50代で手に入れた自分の場所

「やっと好きなことができるようになったの」

自宅マンションの一室につくられた小さなアトリエを見渡しながら、山中さんは言いました。

「3年前に長男が独立したとき、長男が使っていた部屋を主人の個室にしてね。去年、次男が独立したから、ようやく私の部屋ができてアトリエにしたんです」

それまでは、リビングにミシンを置いて作品をつくっていました。70㎡のマンションに4人で暮らすのは、居住空間としてもぎりぎりの面積。そこへきて、山中さんの道具や材料や縫いかけの作品がリビングを占領し、忙しい時期には「すごい散らかりようだった」と笑います。

「子どもは自立させるために育てるのが親の役目だから、いなくなることをさみしいとは思わないの。『はやく独立を』といつも言ってたのよ」

専業主婦の生活で見つけたもの

山中さんは、23歳のときに結婚して家庭に入りました。やがてふたりの男の子を授かり、子育て中心の生活を送ります。

「とにかく元気がよくて、外で遊ばせなくちゃもたなかったの。朝9時までに家事や昼ごはんの支度をすませて、雨が降らない限りほとんど毎日、公園に連れて行きました」

昼食のために帰宅したら、今度は夕ごはんの準備をして、また公園に連れて行く。ご主人の帰りが遅かったので、夜もひとりで子どもの食事や入浴の世話をして、寝かしつけるまでは動きっぱなしの毎日でした。

布作家やプロデューサーとして活躍している今の山中さんとはまた別の、母としての素顔。この時期に、〝暮らしを大切に思う気持ち〟が築かれていきます。

「結婚して食べることに興味を持ち、子どもが生まれて着ることに興味を持つようになりました。市販品には欲しいものがなかったので、『ならば自分で』と子ども服をつくり始めたのが、ミシンを使うようになったきっかけです。仕事をせずに家にいたから〝取り残されちゃう感〟があって、何かやりたいという気持ちもありました」

衣食住が大事と強く語る山中さんは、有機農業の先駆けといわれる山形の高畠町から野菜や米を取り寄せる援農活動にも参加。

「食にこだわりを持つ人たちは、住まいにもこだわる人が多かったんです。仲間の影響を受け、私もインテリアに興味を持ちました。古いもの

四畳半の和室を改装したアトリエ。小さな木枠の窓から、リビングの向こうの空が見渡せる。

も好きになったし、このあたりの経験が、今の自分の原点かも。一見、仕事に結びつかないようなことも、全部つながっているんだと思います」

やりたいことが、少しずつ形になる

　下のお子さんが小学校に入ったころ、「そろそろ何かしたい」と建築関係の会社の企画職に就きました。

「ショールームのディスプレイなどを任されましたが、ただ新しいものを並べたんじゃつまらないと思って、個性のある作家さんの作品を集めて飾っていました。什器がわりに古い木の板を運び込んで、社長に怒られたこともありましたよ（笑）」

　あたえられた仕事を当たり前にこなすのではなく、自分の興味を追求する姿勢に、クリエイターらしい性分がうかがえます。２年間勤めるうちに、やりたいことが見えてきた山

1. 溶けたろうそくが、ふたたび固まってくっついた姿に。「偶然できたものに、市販品にはないおもしろさを感じます」　2. 3. アトリエにはさまざまな素材がある。棚にストックした古い布や雑巾用らしきもの。

中さんは、退職して、イベントを開催します。今までかかわった作家さんの作品や、なじみのお店の古道具を並べたり、古楽器でのコンサートをするという、現在の活動に通じるような内容でした。

その後は「お店をやったら?」という友人の一言に背中を押され、古物商の資格を取って古道具を売るよ

「好きなものの芯は、ぶれないんですね。子どものころから“かわいいもの”は好きじゃなかった」

うになります。ご主人に借金をして一軒家を借り、古道具とカフェのお店をオープン。ひとつ売れるとまた仕入れてのペースで軌道に乗せ、２年後には駅前に場所を移しました。

ものづくりのきっかけ

　そんなある日、実家のお母さまが癌とわかり、店を閉め、看病のためにひとり故郷へ向かう決意をします。

「古道具は仕入れがたいへんなの。子ども関連の用事もあって時間がない中でやっていたし、そんなに売れるわけでもない。好きでやっていたのに、だんだん時間とお金に追いまわされるようになっていました。自分自身もここでゆっくり考えたかったし、父が亡くなったときには一緒にいられなくて後悔したから、母と一緒にいたかったんです」

　半年ほどして、お母さまの具合も安定したところで帰宅。特殊学級で臨時教員の求人を見つけて補助教員になります。

「そこでは、子どもたちと一緒にものをつくる図画工作の時間がありました。みんなが一生懸命だし、楽しんでやっていることに、とても影響を受けたんです」

　あらためて、つくることの楽しさを知ったという山中さん。一年間の任期を終えたとき、久々に、自宅にしまい込んでいたミシンを出したと言います。

「10年ぐらい使っていなかったと思うんです。針も錆びていましたから」

　さらにその時期、友人からロックミシンをプレゼントされたのもきっかけとなり、山中さんは自己流で洋服をつくるようになりました。今度は子ども服ではなく、自分が着たいと思えるような大人の服です。季節ごとに1日だけ展示会を開いて、友人や知り合いにクチコミで販売するスタイルを一年半ぐらい続けたころ。

「母から声がかかってまた故郷に帰り、２ヶ月間、母と一緒に暮らして最期を看取ることができました」

やりたいことをやる決意

　２００３年、山中さんは〝ＣＨＩＣＵ＋ＣＨＩＣＵ ５／31〟を立ち上げ、自分の服だけでなく、古道具や他の作家さんの作品を扱う形で、再スタートしました。これまで培ってきたことを活かしてプロデュースする企画展には、古道具店の時代からのお客さんや、クチコミだけで展示会をしていた頃のお客さん、雑誌やサイトで活動を知ったというお客さんなど、山中さんの同世代から20代までさまざまな年齢層が集まり、いつも賑わいをみせています。

開口一番で山中さんが口にした台詞、『やっと好きなことができるようになった』の、〝やっと〟の一言の裏側には、妻として、母として、娘として、そのときどきで自分のやるべきことに、全力で向かってきた年月がありました。やり尽くすようにがんばるからこそ、また次の段階に、進むことができるのでしょう。

「最近は、若い子から相談を受けることもあるんですが、『まだまだ時間があるじゃない』と言うんです。今は形にならなくても、ひとつひとつに、何かしらにこだわりを持ち続けていれば、いつか絶対、自分の好きなことができると思います」

山中とみこのおもなあしあと

1977 結婚

1988 建築関係の会社で企画職に就く

1990 退職

1991 古道具とカフェの店をオープン

1994 店を閉めて母の介護にあたる

1995 小学校の特殊学級で補助教員に就く

1997 オリジナルの洋服づくりを始める

［自宅をアトリエとして、季節ごとの展示会開催（予約制）を中心に活動を始める。］

1998 埼玉の不思議舎にて企画展に参加

［以降、毎年企画展に参加している。］

1999 山口のあ・でゅまんにて企画展に参加

［以降、毎年企画展に参加している。］

2003 CHICU+CHICU 5/31 を立ち上げる

［ひと月のうち5日間だけオープンするという意味を込めて付けられた名前。］

2004 富ヶ谷のル・ヴァンで雑貨ユニット『OSANPO』としてデビュー

2006 黒磯のSHOZO・JAPONでCHICU+CHICU 5/31の作品の取り扱いが始まる

2007 1988CAFE SHOZO 黒磯ギャラリーにて企画展『サーカス色なお届け便』をプロデュース

秩父のANTIQUE DJANGOにて企画展『KOKORO+NE』をプロデュース

Cu・Ra・Su・Cafeにて裂き布ぞうりワークショップを開催

＼ データ集 ／

発表会ができる場所

カフェ、雑貨ショップ、貸しスペースなど、ギャラリーとして使える場所を紹介します。

［ ☆の手数料は、売り上げが発生した場合のマージンを表記しています。 ］

※申し込みの際には、基本的に事前審査があります。（2008年８月末現在）

カフェ

AMULET

２階がギャラリースペース。1階のカフェではパーティーやミニライブなども開催可能。什器や照明が無料で使用できるのもうれしい。アンティーク雑貨や、オーナーがセレクトした作家の作品も扱う。

1日15,000円（展示のみ）／1日10,000円＋売り上げから手数料30%（販売の場合）／期間は７日以上が原則

東京都千代田区神田神保町1-18-10 三光ビル
03-5283-7047　http://www.mecha.co.jp/amulet

カフェ

GALLERY&CAFE FIND

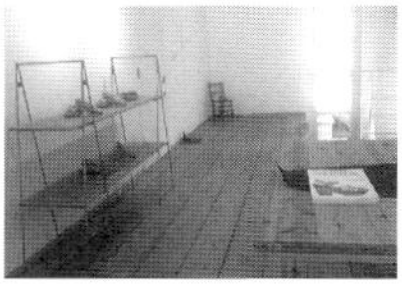

1階はカフェ、2階がギャラリースペース。店内は、板張りの床と白い壁がナチュラルな雰囲気。さまざまなジャンルの展示のほかに、ワークショップや小さなコンサート、プロジェクターによる上映会も開催できる。

半日（6時間）5,000円、1日（12時間）10,000円、1ターム（1週間）30,000円

東京都北区上十条2-9-1　03-5876-7566
http://www.find.ecnet.jp

カフェ

リトルコ

十条の商店街にある小さなカフェギャラリーで、座席はカウンターのみ。展示作品のジャンルは問わず、焼き菓子を発表する人の姿も。奥行きのある店内は、布小物、ニット、陶器、イラストレーションなど、あらゆる展示に対応。

5日間36,000円、10日間60,000円

東京都北区上十条3-24-1　03-3900-3366
http://homepage2.nifty.com/littleko

カフェ

chubby

元倉庫を改装した店内にはソファ席があり、ゆったりとした空間が広がっている。この壁面すべてが展示可能スペースに。作品ジャンルは問わず、ショップの棚などを利用したクラフト作品の展示にも対応。

無料（12日間）／☆手数料30%

東京都世田谷区大原2-27-9　03-3324-6684
http://www.chubby.bz

カフェ

ロバロバカフェ

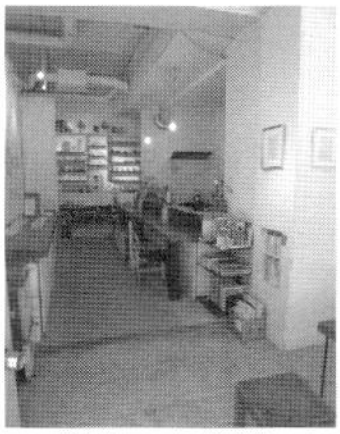

絵画や写真、陶器、布小物、雑貨など、さまざまなジャンルの作品の展示や、イベントにも対応。ほぼ2週間ごとに企画が入れ替わる。座席はカウンターのみで、おいしいコーヒーがいただける。常設の作品や本などを扱うコーナーもあり。

２週間（10日間）80,000円／☆手数料20%

東京都世田谷区経堂2-31-20　03-3706-7917
http://www15.ocn.ne.jp/~robaroba

カフェ

喫茶 谷中ボッサ

築100年の長屋を改装した店構え。ボサノバが流れる店内には、ボッサ文庫と称する蔵書が並び、落ちついた時間がすごせる。壁面が展示スペースで、平面作品を中心に貸し出している。

12日間50,000円／☆手数料15%

東京都台東区谷中6-1-27　03-3823-5952
http://www.yanakabossa.jp

カフェ

mois cafe

古い一軒家を改装したカフェ。二階建ての店内には天井に梁が残るなど、昭和の建物をなるべく活かしたつくりが、とてもなごめる雰囲気。平面作品を中心に、この空間ならではの展示ができる作家を募集中。

2週間42,000円／☆手数料30%（雑貨）、40%（作品）
※問い合わせはギャラリー・コンシールまで（03-3463-0720）
conceal@renovationplanning.co.jp

東京都世田谷区北沢2-21-26　03-3421-1844
http://www.renovationplanning.co.jp/mois

カフェ

ハティフナット

高円寺の商店街にある小さな一軒家カフェで、並びには系列の雑貨ショップもあり、雑貨好きが集まるスポット。店内の1階は壁画がペイントされたにぎやかな雰囲気、ロフト風の2階は木目が落ちつくゆったり空間。

14日間31,500円／☆手数料30%

東京都杉並区高円寺北2-18-10　03-6762-8122
http://www.too-ticki.com/hatt-HP

カフェ

ZOZOI

公園に隣接し、窓の向こうに眺める緑が心地よい空間。1階はカフェ、2階がギャラリー。絵画、版画などの平面作品からインスタレーションなど、ジャンルは問わない。

平日：1日10,000円／土日：1日30,000円（条件により10,000円）／5日間1単位（水〜日）90,000円

東京都豊島区西池袋3-22-6　03-5396-6676
http://blog.livedoor.jp/zozoi_ikebukuro

カフェ

金魚CAFE

展示アーティスト：sulley

JR代々木駅から歩いて1分とアクセスがよく、若者が集うカフェ。店内の壁面を使って展示ができる。平面作品ほか、小さな雑貨作品向き。展示期間中、出展者へドリンクのサービスがある。パーティーにも対応。

パーティー込み6日間40,000円、パーティーなし6日間30,000円／☆手数料20%

東京都渋谷区代々木1-37-4 長谷川ビル1F
03-3370-4456　http://www.kingyo-cafe.com

カフェ

Banda

代々木公園近くの住宅街の丘の上にあるピンクの建物。3階建ての一軒家を自ら改装したカフェでは、オーガニックな素材を使い、ヴィーガンメニューにも対応。展示は平面作品のほか、家具や映像なども OK。

14日間20,000円〜／レセプションパーティーを開くと展示基本料半額

東京都渋谷区神山町41-3　03-3467-5105
http://banda.2mix.net

カフェ

小さな無国籍料理店 カルマ

中野駅北口から徒歩40秒。カレーやチベット餃子、焼き菓子など、手づくりのメニューが味わえるお店。レンガの壁面を使い、個展、2～3人までのグループ展など、おもに平面作品の展示に対応する。初心者歓迎。

1日2,200円（1週間以上）／☆手数料10%

東京都中野区中野5-32-9　03-3387-0602
http://karma-marka.org

カフェ

コトラcafe

カフェのメニューには、オーガニックのトマトソースや自家栽培のハーブを使ったイタリアンや、手づくりのケーキ、カプチーノなどがあり、ゆっくり観賞できる雰囲気。ガラス窓への展示もOKなので、通行人に向かった作品のアピールが期待できる。

7日間15,000円／パーティー開催の場合は無料（コース3,000円・10名前後から応相談）

東京都中野区上高田3-38-5　03-6311-0883
http://littletiger.biz

カフェ

gallery＆cafe HANARE

古民家を改装した建物の1階にはカフェがあり、壁面を利用した平面作品のギャラリーを兼ねている。2階には独立したギャラリースペースがあり、平面以外にも、陶芸、クラフトなど、さまざまなジャンルに。

1階・6日間80,000円など／2階・6日間40,000円など／販売の場合は総売上げに応じた手数料あり

兵庫県川西市火打2-15-24　072-757-0922
http://www.hanare.info

カフェ

cafe & gallery A.K.Labo

1階はパティスリー、2階はイートインできるセルフサービスのカフェ＆ギャラリー。白と茶色をベースにした空間は落ちついた雰囲気。ジャンルは問わず、壁を使った展示のほか、布小物や工芸作品の展示にも対応。

展示のみは無料（12日間）／販売の場合は内容に応じて手数料20%など

東京都武蔵野市吉祥寺本町4-25-9
0422-20-6117　http://www.aklabo.com

カフェ

BUNANOKI

天然酵母の手づくりパンがいただけるシンプルなセンスのカフェ。オーナーが選んだ作家ものの生活道具も扱う。ギャラリーコーナーは、壁面の形状の都合上、額に入った写真や絵画などの平面作品に最適。

10日間20,000円／☆手数料20%

愛知県愛知郡東郷町和合林清池90-1
0561-39-4151　http://www.bunanoki.net

カフェ

SLOW TIME

L字コーナーになっている白い壁面など、作品映えするギャラリースペースが用意されている。ライブやワークショップなどの開催にも別途対応。階段の壁を無料で貸し出す、階段ギャラリーもあり。

1日2,000円、6日間10,000円、12日間18,000円、18日間25,000円ほか（近日改訂の予定）／☆手数料20%

群馬県高崎市鞘町78-1 2F　027-325-3790
http://slowtime.petit.cc

雑貨とカフェ

サイマーケット

1階は自然食カフェと雑貨ショップ、中庭をぬけて2階にあがるとスタジオがあり、個展やイベントなどに使える独立したスペースに。1階の開放感ある「あずまや」も、貸しスペースとして利用可能。

スタジオ(31.3㎡)2時間2,500円(平日昼・単発利用)、1日10,000円(平日)、3日間30,000円(金土日)ほか/あずまや(13.02㎡)1時間1,200円(平日)、1日10,000円(平日)、1日12,000円(土日祝)ほか

東京都板橋区小茂根1-9-5　03-5995-2700
http://www.saimarket.com

カフェ

sumica

以前は雑貨ショップとして使われていた空間に手を加え、オープンしたカフェ。平日の昼間にゆったりと営業中。人気メニューのシナモンロールや、おいしい焼き菓子などがいただける。手づくり雑貨の販売もあり。

現在はオープン記念につき展示無料/販売の場合は内容に応じた手数料あり

高知県高知市洞ケ島町1-21　050-1077-5633
http://www.geocities.jp/sumica_horagashima

雑貨とカフェ

cache cache

自らも作家活動をする姉妹が営むお店。彫金教室も行っている。ヨーロッパの雑貨、蚤の市で見つけたもの、作家の作品などのかわいい品揃え。雑貨、アクセサリー、洋服まわりの展示にもぴったり。ワークショップにも別途応相談。

10日間5,000円/☆手数料20%

大阪市浪速区敷津東2-5-15-202号室
06-6630-6626　http://cache202.com

雑貨とカフェ

雑貨と喫茶とギャラリーと ひなた

カフェや雑貨コーナーとはスペースを分けて、ギャラリー専用の空間を用意。イラスト、写真、雑貨などの作品の展示のほか、ひなたが主催する企画展の募集も行っている。

6日間25,000円、12日間46,000円/☆手数料20%

大阪市中央区谷町6-6-10　06-6763-3905
http://www.geocities.jp/hinata_tanimachi

雑貨ショップ

にじ画廊

吉祥寺の人気ギャラリー(2階フロア)。1階のショップではアーティストや作家による雑貨などを扱っており、一部の壁面とテーブル2個を貸し出している。おもにクラフト作品、平面作品などの展示を募集。

6日間30,000円/☆手数料20%

東京都武蔵野市吉祥寺本町2-2-10
0422-21-2177　http://www12.ocn.ne.jp/~niji

雑貨とカフェ

pourquoi

11坪の店内にはかわいい雑貨が並び、ポップで楽しい雰囲気。手づくりの作品も数多く扱っている。ギャラリーとして使えるのは、カフェスペースの白い壁面。平面作品、紙雑貨、布雑貨など、ジャンルは問わない。

2週間~1ヶ月10,000円/☆手数料30%

高知県高知市南はりまや町1-10-10
サンライズビル1F　088-884-9698

雑貨ショップ

カシェ

ハンドメイド雑貨をメインに、海外のおもちゃや職人による靴、焼き物など、さまざまなアイテムを扱う。ギャラリーコーナーでの展示は、ジャンルを問わずに募集中。壁面とガラス棚など、店内の什器が利用できる。

1日あたり1,050円・受付は2週間が基本（月曜定休・ただし祝日の場合は営業）／☆手数料40%

愛知県名古屋市港区寛政町4-26　052-655-0782
http://www.cache-art.com

雑貨ショップ

たより

由比ヶ浜通りから1本入った場所にある。店主が集めた古道具や、常設作家の作品が並ぶ店内は、静かで落ちついた雰囲気。作品のジャンルは問わず、展示スペースは内容にあわせて、その都度相談して決めている。

5日間35,000円、10日間60,000円／☆手数料20%

神奈川県鎌倉市長谷1-2-8　0467-40-5405
http://www2.ocn.ne.jp/~tayori

雑貨ショップ

Marilu

町家にオープンするアーティスト作品のセレクトショップ。パリに住む女の子をテーマに、ガーリーなテイストのアクセサリー、洋服、雑貨などを扱う。白とピンクをベースにした店内の一室が展示場所になる。

6日間30,000円

京都市左京区一乗寺大新開町14
075-723-5361　http://www.marilu66.com

雑貨ショップ

hug

木の柵で区切られたかわいいコーナーがギャラリースペース。白い壁は釘打ちやペイントもOK。テーブルや棚板も使えて、あらゆる作品に対応。参加者5名までの小さなワークショップ（1日5,000円）にも利用できる。

6日間18,000円、12日30,000円／☆手数料20%

兵庫県神戸市中央区栄町通3-1-7
栄町ビルディング3F302号室
078-321-1871　http://hug302.com

貸しスペースとカフェ

三月の羊

羊をテーマにしたかわいいお店。厳選の材料で焼き菓子やパンをつくり販売するほか、絵本コーナーもある（カフェは休業中）。店内奥が展示スペース。平面作品だけでなく、彫刻、インスタレーションにも対応。

1週間5,000円（1週間単位で2週間より貸出し）／☆手数料25%

東京都杉並区西荻北3-31-103
03-3394-6260　http://www.rum-lamb.com

雑貨ショップ

蜂の巣

大きな一軒家を使った民家型ストア。一つ屋根の下に手ぬぐい専門店や洋雑貨店やカフェなどが集まっている。ギャラリーとして貸し出しているのは12.5畳の和室。作品ジャンルを問わずに利用できる。企画展も頻繁に行う。

初日・最終日　1日10,000円（それ以外の平日1日1,500円／それ以外の土・日・祭日1日5,000円）／☆手数料30%（展示者不在の場合）

※最低料金20,000円／最高料金2週間40,000円（超えたときは再契約）

富山県高岡市東藤平蔵313　蜂の巣
0766-63-5048　http://www.hachinosu-store.com

貸しスペース

カヲリの木

個展や小さなイベント、ワークショップなどに利用できる住宅街の一軒家。白い珪藻土の壁に、ヨーロッパのアンティーク家具を合わせた大人のナチュラル空間。アロマサロンとして借りることも。

平日３時間2,000円から

神奈川県横浜市青葉区
藤が丘1-44-6
045-972-5777
http://www.kaorinoki.com

貸しスペース

ギャラリー一坪

多くのギャラリーやショップが並ぶ、人気散歩コースにある小さなギャラリー。アイデアはあるが、資金と場所が……という人に、無料で空間を提供してくれる。展示のほか、ワークショップの開催もできる。

無料（１週間。芸工展の期間を除く）／☆手数料10～20%　※問い合わせは、kiriekirie@excite.co.jpまで

東京都台東区谷中6-1-27
http://kiriekirie.exblog.jp（管理者のブログ）

ギャラリー

Gallery Conceal Shibuya

白い壁面のワンフロアを、4つのギャラリースペースとカフェスペースに区切っているので、独立感のある展示が可能。ワークショップ、トークショー、アートイベント、上映会などにも幅広く対応する。

７日間8,4000円～（ギャラリースペース）、
５時間52,500円（カフェスペース貸切）ほか／
☆手数料 ￥499以下30%、￥500以上40%

東京都渋谷区道玄坂1-11-3 4F　03-3463-0720
http://www.renovationplanning.co.jp/gallery_conceal/shibuya4f

古道具店

BROCANTE 古道具 豆子

海外や日本の古道具を扱うお店。ギャラリースペースを設けての展示はもちろん、商品を什器にして店内全体を使う展示もできるので、さまざまなスタイルの可能性がある。まずはメールで問い合わせを。

５日間28,000円（近日改訂の予定）／☆手数料 作品価格の10%

東京都文京区根津2-22-9・1F
http://www.mameinko.org
info@mameinko.org

ギャラリー

context-s

古民家を改装した建物。日・月・火曜日にオープンする常設ショップでは、作家もの、古道具、雑貨を扱う。毎月第４週のみギャラリーとして貸し出し中。“空間と作品が生かしあえる”ことを大切にしているので、一度お会いした上で相談に応じている。

７日間70,000円を基本料金に、作品のスタイルにより応相談

東京都杉並区阿佐谷南1-47-4　03-3317-6206
http://www.geocities.jp/context_s

ギャラリー

hygge arts&crafts gallery +coffee

代官山や中目黒から徒歩圏内。８坪の真っ白な空間にはギャラリースペースと小さなカフェコーナーがある。アンティークのベンチや、テーブル、棚の貸し出しがあり、布作品、ガラス、陶芸などの展示にも向いている。

５日間85,000円＋☆手数料20%、
または５日間126,000円（手数料無し）

東京都目黒区上目黒1-15-13・2F
03-3461-7673　http://hygge.cc

イベント　今後の開催情報は、下記サイトでチェックしてみましょう。

デザインフェスタ
http://www.designfesta.com

手創り市
http://www.tezukuriichi.com

OZONE クラフトマーケット
http://www.ozone.co.jp（今後の情報）
http://www.ozone-craft-m.com（過去の開催情報）

工房からの風・craft in action
http://www.nikke-cp.gr.jp/cia

ふらのクリエイターズマーケット
http://artlink-hokkaido.com

クリエーターズマーケット
http://www.creatorsmarket.com

百万遍　手づくり市
http://www.tedukuri-ichi.com

クラフトフェアまつもと
http://www4.ocn.ne.jp/~cfm

本書に登場したギャラリーで募集をしているところ

イネル
カフェの壁面などを利用して、絵、写真、手づくり小物、雑貨、コレクションなどが展示できる。現在は女性作家を募集中。パーティーやライブにも別途応相談。

3日間10,000円（以降、1日3,000円で2週間まで延長可能）／☆手数料20%

東京都杉並区阿佐ヶ谷北2-12-7
080-5526-2127　http://inelle.petit.cc

ギャラリー　林檎の木
大きな公園に隣接したのどかな雰囲気のギャラリー。約13坪の白い空間で、天気によってはウッドデッキも使える。展示用什器などの無料貸し出しもあり。

6日間48,000円（ギャラリー利用）／1日8,000円（イベントやパーティー利用）

千葉県習志野市本大久保3-8-3 河合ビルB2F
047-470-5880
http://www.gallery-ringonoki.com

ハイジ
2008年7月、これまでの店舗と同フロアで、倍の広さの場所に移転。ハンドメイド雑貨、バッグ、アクセサリーのほか、手芸材料も充実。展示は常設作家の企画展がメイン。まずは作品の持ち込みから相談に応じる。

作品内容に応じた手数料あり

目黒区上目黒1-2-9　ハイネス中目黒109
03-5722-3282　http://www.heidi-home.com

cafe＋gallery co9.
チキン南蛮のランチや、そのときどきのスイーツメニューがいただけるカフェ。展示スペースには棚や木の台があり、陶芸作品やクラフト作品にも対応する。

6日間40,000円／☆手数料20%　※ギャラリーの問い合わせはメールでの受付（tocade@smile.odn.ne.jp）

名古屋市千種区千種3-29-8 ライフステージ吹上1F
050-1133-2435　http://cgco9.web.fc2.com

ninni
高円寺の商店街にあり、2人の女性オーナーの経営で、手づくり雑貨と洋服を扱う。展示は常設作家の企画展がメイン。まずは作品の持ち込みから相談に応じる。

☆手数料40%のみ

東京都杉並区高円寺北2-18-10
03-3338-2770
http://www.too-ticki.com/ninni

yuzuri
新月の期間をメインにオープンする、作家もの、古道具、ウエア、生活雑貨などのセレクトショップ。ギャラリーとしての貸し出しは不定期なので、まずは相談を。

7日間10,000円／☆手数料30%

埼玉県北葛飾郡杉戸町高野台南1-11-7
0480-32-6765　http://www.yuzu-ri.com

STAFF

文 — 石川理恵

武蔵野美術短大通信教育学部卒。求人広告制作、DTPオペレータ、編集プロダクション勤務を経て、2000年よりフリーランスのライターに。インテリアを中心に、育児、家事、仕事など、女性のライフスタイルにまつわる記事を書く。http://hiyocomame.jp

写真 — 金子亜矢子

桑沢デザイン研究所卒。1994年キヤノン第9回写真新世紀公募優秀賞受賞。現在では、フリーランスのカメラマンとして、雑誌、CDジャケット、ファッション広告などを担当。書籍に「肝（ちむ）— 沖縄・コザの登川誠仁（マーブルトロン）」。

※25～26ページ1～6の写真除く。

ブックデザイン — 高木佳子　田栗克己

DTP — 天龍社

取材協力

やまぐちめぐみ（http://kokori.petit.cc）

YAKA（http://yaka.petit.cc）　※25～26ページ1～6の写真撮影

homegirl

etcetra（http://www.etcetra.jp）

きむらかよ（http://diary.papier.lomo.jp）

四分一亜紀（http://shibuc.exblog.jp）

オギハラナミ

niina（http://www.k3.dion.ne.jp/~ni-na）

イシイリョウコ（http://homepage3.nifty.com/nagahana）

CHICU＋CHICU 5/31（http://www.chicuchicu.com）

展示・ものづくり　はじめの一歩

小さな発表会をひらこう

2008年10月25日　初版第1刷発行

著者　石川理恵©

発行者　久世利郎

発行所　株式会社グラフィック社

〒102-0073　東京都千代田区九段北1-14-17

Tel.03-3263-4318　Fax.03-3263-5297

http://www.graphicsha.co.jp

振替　00130-6-114345

印刷・製本　大日本印刷株式会社

Printed in Japan　ISBN978-4-7661-1962-6 C0076